ASTRID RUPPERT

Hundert Himmel

ASTRID RUPPERT

Hundert Himmel

Eine Erzählung
über den Mut,
anders zu sein

Mit Illustrationen von
Sarah Katharina Heuzeroth

Diederichs

Für Börries, der mir Mut macht,
mein eigenes Lied zu singen.

INHALT

DIE GESCHICHTE BEGINNT

Der Frühling naht, und der alte Wald erwacht. Obwohl nur wenig Licht in das Dickicht aus Farnen und niedrigem Gestrüpp unter der mächtigen Buche fällt, tastet sich der Frühling auch hier heran. Im Schutz der vertrockneten, hellbraunen Farnwedel, die sich über die Wintermonate zu einer Decke verdichtet haben, haben Zilpzalpe ihr Nest gebaut, wie jedes Jahr. Bis die jungen Vögel flügge werden, ist diese Dämmerwelt alles, was sie kennen. Nur wenn die Sonne am Mittag hoch am Himmel steht, zeichnet sie zarte Gittermuster auf den Boden und verstärkt den Duft der trockenen Farne und ihrer süßen Samen. Hier hören sie die Töne des Waldes wie ferne Musik. Lockgesänge der Rotkehlchen und rhythmische Kuckucksrufe, Gezeter streitender Eichelhäher, Warnrufe der Finken, die Lieder der Braunellen, die einsame Melodie einer Amsel am Abend.

Zio, der junge Zilpzalp, der in seinem Nest dem Konzert lauscht, wird sich daran später nicht mehr genau erinnern können. Aber vielleicht wird die Erinnerung ihn gelegentlich heimsuchen wie ein altvertrautes Gefühl. Wenn die Dämmerung hereinbricht und das Licht Schattenmuster malt, wenn er der wilden Sinfonie des Waldes lauscht, die um ihn herum auf- und abschwillt.

Wie jedes Jahr verlassen die jungen Zilpzalpe ihr schützendes Nest am Boden. Wie jedes Jahr spüren sie, dass sie Beine haben, um zu hüpfen, und Flügel, um zu fliegen, und eine Stimme, um zu singen. Sie spüren, dass nun die gemeinsame Vorbereitung beginnt auf das Ereignis, das alle Zilpzalpe des Waldes vereinen wird. Der große Flug gen Süden, der sie durch die Hundert Himmel führen wird.

FRÜHLING

Die Stimme finden

Zio sitzt auf seinem Lieblingsplatz in der ehrwürdigen alten Buche und betrachtet den Wald, der ihn umgibt. Wohin er auch schaut: Alles ist voller Grün, voller Licht. Hier könnte er stundenlang sitzen und seinen Blick schweifen lassen. Von den ausladenden Ästen der Buche schaut er hinüber zu dem hellen Birkenhain, dann blickt er hinab zu den Buschwindröschen, die Punkte auf den Waldboden tupfen, zu dem blühenden Weißdorn, dessen schwerer Duft durch den Wald weht. Der Wald ist so schön, dass er sich gar nicht sattsehen kann.

»Zio! Was sitzt du denn hier herum? Komm jetzt, wir haben Flugstunde und wollen üben!«

Zack und Zett flattern zur alten Buche, um Zio abzuholen. Doch Zio macht überhaupt keine Anstalten, zusammen mit ihnen loszufliegen. Im Gegenteil. Er legt den Kopf schief und schaut seine beiden Freunde fragend an.

»Schon wieder üben?«

»Die anderen warten schon.«

»Wir haben doch gestern den ganzen Tag geübt.«

Zio hat wenig Lust, schon wieder zu trainieren.

»Hochflug und noch mal Hochflug. Und heute sind wir auch schon wieder den ganzen Tag geflogen. Tiefflug, Tiefflug, Tiefflug.«

»Aber jetzt ist Hindernisflug dran. Der macht Spaß! Jetzt komm endlich mit, Zio!«

Zack ist der ungeduldigste Zilpzalp des ganzen Waldes und flattert einfach los, um sich zu den anderen Vögeln zu gesellen, die es wie er kaum abwarten können, weiter zu trainieren. Seufzend schaut Zett ihm nach.

»Zack muss lernen, sich nicht immer gleich völlig zu verausgaben. Und du solltest jetzt wirklich mitkommen, sonst verpasst du etwas.«

Zio nickt, er weiß ja, dass die Schwarmältesten darauf bestehen, dass alle Vögel die Übungen mitmachen, auch wenn er lieber hierbleiben würde, um die Frühlingswelt zu betrachten. Was verpasst er schon bei den Übungen, das sich nicht auch ein anderes Mal nachholen ließe? Aber wie die Knospen des Scharbockskrauts aufblühen, das darf er sich auf keinen Fall entgehen lassen. Denn dieser kostbare Augenblick lässt sich nicht wiederholen. Zio schaut noch einmal hinunter, wo die glänzenden Knospen des Krautes nur darauf warten aufzubrechen. So gerne würde er dabei zuschauen, wie sich eine Sternblüte öffnet. Er ist hin- und hergerissen. Doch dann bemerkt er Zetts auffordernden Blick. Nun gut, dann fliegt er eben mit. Schweren Herzens hebt Zio die Flügel und verabschiedet sich von seinem Lieblingsplatz in der Buche, um seinen beiden Freunden zu folgen. Zum Glück, so tröstet er sich, kann er nach den Übungen wieder hierher zurückkommen.

Zusammen mit seinen Freunden und den anderen jungen Zilpzalpen des Waldes fliegt Zio los. Sie flattern um die Wette durch den lichten Birkenhain, sie segeln durch die Äste der mächtigen Eiche, die am anderen Rand des Wäldchens steht, sie üben, in dichte Hecken und Büsche hineinzufliegen, ohne hängen zu bleiben. Die alten Zilpzalpe begleiten die jungen Vögel bei ihren Übungen, beobachten ihre Flugmanöver und geben ihnen Ratschläge, durch die sie ihre Fertigkeiten verbessern können. Zett übertrifft meistens alle und gewinnt so gut wie jeden Wettflug. Aber der unermüdliche Zack hat wahrscheinlich am meisten Spaß, auch wenn bei ihm vieles schiefgeht. Eine Bruchlandung, ein Fehlstart, ein Beinahe-Absturz: Was auch geschieht, Zack schüttelt unbekümmert sein Gefieder und probiert alles noch einmal. Immer wieder. Und dann noch mal.

Zio ist nur halbherzig bei der Sache. Während er seine Freunde beobachtet, wünscht er sich im Stillen, er könne ebenso unbekümmert drauflosfliegen wie Zack oder alle Aufgaben so tadellos bewältigen wie Zett. Aber er bekommt es einfach nicht hin. Zio strengt sich wirklich an. So gerne würde er mit den anderen mithalten, aber während es Zett scheinbar mühelos gelingt, alle Flugübungen zu meistern und sich immer wieder an die Spitze zu setzen, landet Zio bei den Wettkämpfen oft weit hinten. Denn es gibt immer etwas, das ihn ablenkt. Wenn die blühenden Schlehenbüsche wie duftende Wolken vor ihm auftauchen, vergisst er, die Flügel eng am Körper zu halten. Er achtet nicht darauf, seine Schwungfedern auszurichten, wenn er hört, welch abwechslungsreiche Melodien die Meisen singen können. Die Welt ist doch viel zu schön, um sich stets nur auf die perfekte Flügelstellung zu konzentrieren. So viel zu sehen, so viel zu hören! Gerade als Zio erneut versucht, durch eine früh belaubte Hainbuche hindurch zu flattern, vernimmt er einen Gesang, der ihn innehalten lässt.

Was für ein schönes Lied, denkt Zio, und verharrt zwischen den jungen Blättern des kleinen Baumes, um besser zuhören zu können. Ein Rotkehlchen lässt nur wenige Zweige von ihm entfernt seinen virtuosen Gesang ertönen. Klar wie das Wasser des Baches klingt die Stimme. Lustig hüpfen die Töne auf und ab, wie die Knospen der Birkenblätter im Wind, wandeln sich zu einem tiefen Schnalzen, bis sie wieder in die Höhe steigen, als wollten sie den Himmel berühren. Gebannt lauscht Zio dem betörenden Lied, in dem der ganze Frühling erklingt. Die anderen Zilpzalpe bemerken indessen gar nicht, dass Zio plötzlich fehlt, und ziehen weiter. Erst als das Lied zu Ende ist und das Rotkehlchen verstummt, bemerkt Zio, dass er seinen Schwarm verloren hat. Aber das ist ihm in diesem Augenblick gleichgültig, denn dieser Gesang fasziniert ihn. Das Rotkehlchen hat Zio nun entdeckt und schaut ihn herausfordernd an.

»Was willst du hier? Das ist mein Revier.«

»Ich habe dir zugehört, das war ein sehr schönes Lied.«

Das Rotkehlchen legt den Kopf schief. »Das war ein normales Lied.«

»Nein, das war ganz besonders schön.«

»Es war ein normales Rotkehlchenlied, wie wir es alle im Frühling singen. Wie ist denn euer Frühlingslied?«

Zio öffnet den Schnabel und singt das Zilp und das Zalp, das seiner Familie den Namen gegeben hat. Dabei versucht er, die Töne besonders eindrucksvoll klingen zu lassen. Zilp-Zalp, Früh-ling, Zilp-Zalp.

»Und etwas anderes singt ihr nicht? Immer nur Zilp und Zalp?«

Zio nickt.

»Ja, das ist unser Lied, mal länger, mal kürzer, mal höher, mal schneller, aber ja, du hast recht: Wir singen immer nur Zilp und Zalp.«

Das Rotkehlchen nickt höflich. »Aha.«

Mehr hat es nicht zu sagen zu Zios kleinem Lied. Während Zio weiterfliegt, um wieder den Anschluss an seinen Schwarm zu finden, wünscht er sich sehnlich, Zilpzalpe hätten auch andere Töne. Er wünscht sich, er könne singen wie ein Rotkehlchen.

Als Zio am Abend nach den langen Übungsflügen endlich seinen Platz in der Buche wieder einnimmt, sieht er, dass fast alle Knospen des Scharbockskrauts aufgeblüht sind, während er mit den anderen neue Flugtechniken geübt hat. Der milde Frühlingstag hat dafür gesorgt, dass ihm nun unzählige kleine Sterne entgegenleuchten. Er segelt hinunter, und obwohl er traurig ist, dass er nicht dabei war, als die Knospen sich öffneten, tröstet ihn der würzige Duft der sattgelben Sternblüten.

Tag für Tag üben die Zilpzalpe Flugmanöver, kräftigen ihre Flügel, trainieren kurze und lange Strecken. Tag für Tag wird Zio zum Üben gerufen, und jeden Tag fällt es ihm schwerer, echte Begeisterung dafür aufzubringen. Es gibt so viel zu sehen. Warum soll er mit den anderen durch den Wald jagen, wenn er doch hier in seiner Buche sitzen kann, wo die weichen, hellgrünen Buchenblätter sich langsam entfalten und ihre zarten Härchen im Sonnenlicht schimmern lassen? Und es gibt so viel zu hören. Die schrillen Rufe der kleinen Meisen, das Lied des Buchfinks, das Rauschen des

Windes, das in den jungen Birken ganz anders klingt als in den alten Eichen.

Zios Freunde können jedoch nicht verstehen, was ihm daran gefällt. Zack kann sich nicht vorstellen, auch nur einen Kuckucksruf lang still zu sitzen.

»Ich würde vor Langeweile tot vom Ast fallen!«

»Und ich könnte es nicht aushalten, dass die anderen ohne mich trainieren und immer besser werden.« Zett möchte Zio dazu bewegen, eine Runde mitzufliegen. Doch Zio schüttelt den Kopf. Er will lieber nicht fliegen und versucht seinen Freunden zu erklären, warum das bei ihm ganz anders ist.

»Für mich gibt es nichts Langweiligeres, als Flügelstellungen zu üben, und ich kann es kaum aushalten, nicht mitzubekommen, was im Wald passiert, während ich übe und übe …« Zack und Zett schauen sich ratlos an und fliegen ohne Zio davon.

Zio schaut seinen Freunden hinterher, die sich mit dem Schwarm zu einem Flug in die tief stehende Sonne verabredet haben. Er ist heilfroh, dass er hierbleiben kann und nicht mitfliegen muss. Endlich kann er in Ruhe den wunderbaren Frühlingswald betrachten, der ihn umgibt. Wie schön das ist! Zio hört das sanfte Rauschen der Bäume und spürt, wie der Wind sein Gefieder streift. Er sieht, wie die Strahlen der tief stehenden Sonne in das Blattwerk fallen, wie Licht und Schatten ihn umtanzen. Zio sitzt inmitten einer flirrenden Kuppel von leuchtendem Grün. In seiner Brust breitet sich ein Gefühl aus, das er nicht kennt. Ein Gefühl, das schöner ist, als mit den anderen zu fliegen. Er spürt eine Fülle in sich, etwas, das größer ist als er. Am liebsten würde er jubeln, denn das schöne Gefühl will schier aus seiner Brust herausfahren. Er öffnet den Schnabel, und ein heller Ton entfährt seiner Kehle. Und noch ein Ton. Sein Ruf mischt sich ins Rauschen der Blätter und in das abendliche Gezwitscher der anderen Vögel. Zios Stimme klingt mit einem Mal besonders voll, und die Töne, die er in diesem Moment in seiner Kuppel aus Blättern und Licht singt, machen ihn glücklich. Er singt sie in den Wald hinein und freut sich an dem satten Klang. So schöne Töne hat Zio noch nie gesungen! Und noch während er singt, passiert etwas Ungewöhnliches. Zwischen all seinen Zilps und Zalps fällt Zio mit einem Mal ein neuer Ton ein. Ein Ton, den noch kein Zilpzalp vor ihm gesungen hat und der genau in seine Buche passt, deren lichte Blätter ihn umflirren. Vorsichtig versucht er, ihn aus seiner Kehle rollen zu lassen. Erst zittert der Ton und ist bei Weitem nicht so, wie er ihn sich vorgestellt hat. Immer wieder versucht er, diesen Ton zu singen, den er in seiner Vorstellung doch schon hören kann. Geduldig probiert er es so lange, bis er ihn gefunden hat. Den einen Ton, der diesen Augenblick perfekt einfängt. Er ist hell, rund und sehnsuchtig und umfasst alles. Er singt ihn immer wieder, und je öfter er den neuen Ton anstimmt, desto besser gefällt er ihm. Kaum ist er ihm gelungen, hört er schon einen weiteren Ton. Und dann noch einen. Einen Ton nach dem anderen spürt Zio in sich aufsteigen, und er probiert, sie alle zu singen. Immer mehr neue Töne perlen nun aus seiner Kehle und formen sich zu einer Melodie. Sein Gesang ist mehr als ein Zilp und ein Zalp, er singt alles, was er in sich fühlt. Zio singt das Grün, er singt das gleißende Licht und die Blätter, das Flirren, die Sonne, den hohen blauen Himmel. Immer neue Melodien singt er hinaus in den Wald, der nun von seinem Gesang widerhallt. Mit jedem Ton fühlt er sich dem Wald mehr verbunden. So klein Zio auch ist, in diesem Moment ist er so weit, wie seine Stimme fliegt, und der ganze Wald klingt in ihm. Vor Freude beginnt Zio ein Lied über die Buche zu singen, auf der er sitzt.

Das Lied der Buche
Sanfter Tanz der Blätter
Weiche Wimpel im Wind
Spiel von Schatten und Licht
Flirrt die Sonne für mich
Flirre ich mit

Zio hat sein erstes Lied gesungen, und es ist ein besonderes Lied, wie es bisher kein Zilpzalp außer ihm zu singen vermochte. Es macht ihn so froh!

Während er singt, glaubt Zio zu spüren, dass das Laub der Buche stärker für ihn rauscht, dass die Blätter noch lebendiger tanzen und leuchten. Er hat das deutliche Gefühl, dass die Buche ihm zuhört und dass sein Lied ihr gefällt. Er sitzt auf seiner Singwarte und stimmt das Lied noch einmal an. Und dann taucht plötzlich ein neuer Gedanke in ihm auf. Wenn er ein Lied über die Buche singen kann, dann kann er auch eines über die Farne singen und ein weiteres über die Lichtnelken und den Himmel. Plötzlich ist Zio sehr aufgeregt. Er kann jetzt alles singen, weil er eine Stimme hat, die mehr Töne hervorbringen kann als nur Zilp und Zalp. Jetzt muss es ihm nur gelingen, auch die richtigen Töne zu finden, die richtigen Töne für seinen gesamten Wald. Glück durchflutet Zio. Welch wundervolle Aufgabe das ist, die nun vor ihm liegt. Er wird seinen Wald besingen. Hundert Lieder wird er singen für den Wald.

Als Zio auf die Idee kommt, ein Lied über die süßen Buchenknospen zu singen, die er manchmal nascht, verspürt er mit einem Mal großen Hunger. Er wird seine Warte kurz verlassen müssen, um Nahrung zu suchen. Doch schon bei den ersten Flügelschlägen spürt Zio, wie schwach er ist. Er hat über den Gesang der vielen neuen Töne völlig vergessen, rechtzeitig an Nahrung zu denken. Sein Magen ist leer, und er hat nur noch wenig Kraft. Dabei weiß er, wie gefährlich es für kleine Vögel ist, nicht genug zu essen. Viel zu schnell werden sie schwach, wenn sie sich nicht rechtzeitig um Nahrung kümmern. Außerdem ist es kühler geworden. Die Sonne steht schon tief, und ihre Strahlen wärmen nicht mehr. Zio macht sich auf, um in dem lichten Birkenwäldchen, das sich direkt vor seiner Buche erstreckt, etwas Essbares zu suchen. Zwischen den Birken und Haseln segelt Zio hinunter, um das raschelnde Laub zu durchstöbern, das den Waldboden bedeckt. Hoffentlich kann er hier seinen Hunger stillen. Zwischen Büscheln von frischem Lärchensporn wendet er auf der Suche nach kleinem Getier trockene Blätter zur Seite, als völlig unerwartet eine Amsel wie aus dem Nichts hervorschießt und mit ihrem spitzen Schnabel wütend auf ihn losgeht. Zeternd

umflattert sie ihn und hackt immer wieder nach Zio. Sie ist sehr viel größer als er, und Zio versucht, ihr flink auszuweichen. Gerade hat er einen dicken Wurm auf dem Boden entdeckt und würde ihn sich gerne noch schnell schnappen, um seinen hungrigen Magen zu füllen. Doch während er hastig nach dem Wurm pickt, passt er nicht gut genug auf und der harte Schnabel der Amsel erwischt ihn empfindlich. So schnell er kann flattert er davon, um nicht noch einmal getroffen zu werden. Sein Wurm verschwindet im Schnabel der Amsel. Was für ein Pech. Zios Hunger ist jetzt riesig, und sein Herz schlägt schnell vor Angst, dass die Amsel ihn weiter verfolgen könnte. Es kostet ihn große Mühe, seine Flügel überhaupt noch einmal zu bewegen. Kraftlos kauert er im Unterholz, um sich ein wenig zu erholen. Doch kaum hat die Amsel den Wurm verschlungen, muss er sich schon beeilen, dem wütenden Vogel erneut auszuweichen. Mit ihrem spitzen gelben Schnabel setzt sie nun alles daran, ihn aus ihrem Futterrevier zu vertreiben. Sie wird ihn nicht in ihrer Nähe dulden. Nur mit großer Anstrengung gelingt es ihm zu entkommen. Atemlos lässt er sich ein ganzes Stück weiter weg in der Nähe eines Artgenossen nieder. Hier glaubt er, sich erst einmal beruhigen zu können. Der Zilpzalp, der schließlich zu seinem eigenen Schwarm gehört, wird ihm wohlgesonnen sein. Doch als er sich ihm zuwendet, um ihn zu begrüßen und gemeinsam mit ihm das Laub nach Futter zu durchstöbern, stößt auch der Zilpzalp mit seinem Schnabel nach ihm, um ihn aus seinem Futterrevier zu verjagen.

Zio ist jetzt völlig erschöpft und segelt mit letzter Kraft davon, um sich zur anderen Seite des Birkenhains zu retten. Dort findet er im Unterholz eine Stelle, an der er keinen anderen Vogel entdeckt. Ob er hier bleiben kann? Zio riecht Wasser. Das ist ein verheißungsvoller Geruch, denn wo es feucht ist, lassen sich oft besonders gute Häppchen erbeuten. Zur Sicherheit schaut er sich genau um. Schließlich will er nicht noch einmal vertrieben werden, und ihm fehlt die Kraft für einen weiteren Kampf ums Futter. Aber Zio hat Glück. Tatsächlich gibt es hier keinen Vogel, der Besitzansprüche anmeldet. Zio ist ganz allein.

Die neue Futterstelle ist ein Glücksfall. Weiches Moos hat sich auf dem feuchten Boden ausgebreitet. Zio ist umgeben von tausend kleinen Sternenblüten. Inmitten des blühenden Mooses findet er unzählige, glitzernde Tautropfen, die hier im Schatten noch nicht verdunstet sind. Als Erstes löscht Zio seinen Durst. Erfrischt durchstöbert er das üppige Moos und findet eine Fülle an Insekten, die sich zwischen den Wurzeln verbergen. Mehr als genug findet er und kann sich richtig satt essen. Diese Stelle wird er sich merken, das feucht duftende Moos wird ab jetzt zu seinem eigenen Futterrevier. Gestärkt fliegt er zurück zu seiner Singwarte in der alten Buche.

Was für ein Tag! Zio hat heute viel gelernt. Er hat gelernt, mehr zu singen als ein Zilp und ein Zalp, er hat gelernt, dass er eine Stimme hat, die vielfältig Töne singen kann. Und auch wenn seine neuen Lieder ihn so begeistert haben, dass er sich ganz satt fühlte, darf er vor lauter Freude am Singen nicht die Nahrung vergessen. Zio hat auch gelernt, dass man gut auf sich aufpassen muss, wenn man schön singen will. Satt und glücklich stimmt er an diesem Tag ein letztes Lied an. Während die Sonne untergeht, klingt Zios Lied vom Sternenmoos durch den Abend, bis sich die Nacht allmählich über den Wald senkt und alle Geräusche verstummen.

Lied vom Sternenmoos

Tautropfen im glitzernden Moos
Blitzende Sterne funkeln mich an
Jeder Stern ein süßer Kelch
Voll labender Erfrischung

Wer darf ich sein?

Am nächsten Tag fliegt Zio nicht mit den anderen. Und am übernächsten auch nicht. Zio bleibt lieber in seiner Buche und singt.

Seit er seine Stimme entdeckt hat, besingt er alles, was er sieht. Nach dem Lied der Buche und des Sternenmoos singt er das Lied der Eiche und der Birke. Er singt das Lied des Farns, das Lied des Weißdorns und das Lied der Wolken, die über die Baumwipfel hinwegziehen. Es macht ihn froh. Zio trainiert nicht mehr mit den anderen Vögeln, er sitzt jetzt täglich auf seiner Warte in der alten Buche und beobachtet alles, was um ihn herum geschieht. Seit er nicht mehr von Wettflug zu Wettflug hastet, sieht er die Waldmäuse durchs Unterholz huschen, er entdeckt, wo die Eichhörnchen ihren Kobel haben, beobachtet, wie das Grün seines Waldes immer dichter und üppiger wird. Seine Buche ist nun so belaubt, dass er den Himmel darüber kaum mehr sehen kann, doch in seiner grünen Kuppel besingt er alles, was unter diesem Himmel wächst und lebt.

Seine Freunde Zack und Zett versuchen immer wieder, ihn zum Mitmachen zu überreden. Vor allem Zack kann nicht verstehen, wie ein Vogel freiwillig auf einem Ast sitzen bleiben kann anstatt zu fliegen.

»Es gibt so viel zu sehen.«

»Aber was siehst du denn bloß hier?«

Zack blickt nach links und nach rechts.

»Hier gibt es nichts zu sehen.«

Fragend schaut er Zio an.

»Du siehst es, wenn du einen Augenblick still sitzt und einfach nur beobachtest …«

»Einfach nur beobachten?«

Zio nickt, und Zack lässt seufzend die Flügel hängen.

»Gut, ich beobachte. Und was passiert jetzt?«

»Du musst schon einen Moment warten.«

»Da ist nichts!«

Zio versucht, seinem Freund zu zeigen, was man alles entdecken kann, und deutet mit dem Schnabel zur Seite.

»Wenn du dorthin schaust, kannst du sehen, wie hell das Polster von Lichtnelken unter den Büschen im Schatten leuchtet. Schön, oder? Und jetzt fällt ein Sonnenstrahl genau in die …«

Zack schaut seinen Freund verständnislos an und unterbricht ihn voller Ungeduld.

»Zio, das ist langweilig! Hier herumsitzen, das ist so ziemlich das Langweiligste, was ein Vogel machen kann. Dass du nicht vor Langeweile vom Ast fällst oder festwächst, wenn du so lange hier sitzt. Komm, mach lieber bei uns mit. Was du alles verpasst!«

Zio schüttelt den Kopf, er will lieber hierbleiben. Zack flattert davon, und Zio schaut ihm nach. Sein Freund hat nichts von all dem gesehen, was er ihm zeigen wollte. Zack ist überzeugt, dass Zio etwas verpasst. Aber Zio ist sicher, dass es Zack ist, der bei all seiner geschäftigen Unruhe etwas verpasst: Nämlich den Augenblick. Wenn Zack es langweilig findet, den Augenblick im Wald zu genießen, dann ist Langeweile doch das Beste, was es gibt. Nur in der langen Weile, findet Zio, lässt sich die Schönheit entdecken, an der alle so geschäftig vorbeiflattern, ohne sie wahrzunehmen.

Nachdenklich kostet Zio eine süße Buchenknospe. Während sich der Geschmack auf seiner Zunge ausbreitet, hört er bereits die ersten Töne für ein Lied über die Knospen der Buche in sich klingen, das er schon vor einer Weile singen wollte. Konzentriert lauscht er in sich hinein, um die richtigen Töne für diesen besonderen Geschmack zu finden. Plötzlich wird sein Lauschen jedoch von einer strengen Stimme unterbrochen.

»Du singst zu viel.«

Erschrocken schaut Zio zur Seite. Der Schwarmälteste hat sich direkt neben ihm auf dem Ast niedergelassen. Es passiert nicht oft, dass der Älteste einen Vogel so direkt und persönlich anspricht. Zio wird mulmig zumute. Er singt zu viel? Was meint der Älteste damit? Doch bevor er nachfragen kann, fährt der alte Zilpzalp mit der strengen Stimme unbeirrt fort.

»Und was sind das überhaupt für Lieder? Solche Lieder singen wir nicht. So singt kein Zilpzalp.«

Zio schweigt. Der älteste Zilpzalp spricht nur, wenn es sich um eine ernste Angelegenheit handelt. Weil er alt ist und viel erlebt hat, weiß er alles, was es im Wald zu wissen gilt. Alle Zilpzalpe haben großen Respekt vor ihm. Er ist der Hüter der Tradition, der die Legenden ihres Vogelvolkes bewahrt und Jahr für Jahr an seinen Schwarm weitergibt, damit das alte Wissen nicht verloren geht. Erst vor Kurzem hat er den Vögeln einen Vortrag darüber gehalten, dass sie ihren Sommerwald verlassen werden, um die Hundert Himmel zu durchfliegen und in einem neuen Sommer weit im Süden zu landen. Doch dies ist kein Vortrag für alle Vögel, diese Worte gelten nur Zio. Ernst setzt der älteste Zilpzalp seine Ermahnungen fort.

»Du benimmst dich nicht wie unsereins, Zio. Zilpzalpe singen keine Arien. Sie singen Zilp und sie singen Zalp. Sonst nichts. Wir sind weder Nachtigallen noch Rotkehlchen. Und Amseln sind wir auch nicht. Wir stellen uns nicht derartig zur Schau mit unseren Gesängen, weil wir das nicht nötig haben. Wir halten uns zurück. Hast du das verstanden?«

Zio nickt stumm. Er weiß ja, dass Zilpzalpe, die zur Familie der Weidenlaubsänger gehören, kleine unauffällige Vögel sind, die man kaum entdeckt im Geäst von Baum und Strauch. Jeder gemeine Spatz ist prächtiger als ein kleiner Zilpzalp, den man mit seinem graubraunen Gefieder leicht übersieht. Natürlich weiß Zio das. Außerdem ist er gerne unsichtbar, weil er dann völlig unbehelligt in seiner Buche sitzen und den Wald betrachten kann. Er will sich doch nicht hervortun. Der Grund, warum er singt, ist ein ganz anderer. Das möchte er gerne richtigstellen und versucht, dem alten Zilpzalp zu erklären, warum er singt.

»Ich singe wirklich nicht, um mich zur Schau zu stellen, darum geht es gar nicht in meinen Liedern, ich möchte nur den Augenblick besingen, einen Augenblick voller Schönheit. Unseren Wald möchte ich …«

Immer leiser wird Zios Stimme, bis er schließlich ganz verstummt. Schon während er spricht, spürt er, dass der alte

Zilpzalp ihm überhaupt nicht zuhört und nicht versteht, was er auszudrücken versucht. Seine Worte kommen bei seinem Gegenüber nicht an. Sie fallen in die Leere, die sich zwischen ihnen aufgetan hat. Ein Wort nach dem anderen fällt in diese Leere und scheint dabei jede Bedeutung zu verlieren. Hilflos schaut Zio den alten Zilpzalp an, der damit fortfährt, ihn zurechtzuweisen.

»Zilpzalpe sind nicht auf der Welt, um solche Arien zu flöten. Es gehört sich einfach nicht. Und du wirst es auch nicht mehr tun.«

Hinter Zios kleiner grauer Federbrust entsteht bei diesen Worten ein großer Aufruhr. Er hat doch gerade erst entdeckt, wie schön es ist, den Wald zu besingen. Er hat doch gerade erst herausgefunden, dass er eine Stimme hat, die etwas ausdrücken kann. Der alte Zilpzalp versteht das einfach nicht. Niemals wird er aufhören zu singen, er versucht aufzubegehren und dem alten Zilpzalp erneut zu erklären, warum er singt.

»Aber …«

Einige Male setzt er aufs Neue an.

»Aber …«

Doch der alte Zilpzalp lässt ihn nicht zu Wort kommen, vielmehr gebietet er ihm zu schweigen. So hört Zio stumm, was der Älteste ihm aufträgt.

»Du musst stark werden, um die Hundert Himmel durchfliegen zu können. Vergeude deine Zeit nicht mit Singen. Nutze sie zum Üben. Du musst in höchster Höhe fliegen. Du musst auf den Winden segeln. Du musst im Schlaf fliegen. Du musst gleichermaßen weit und schnell fliegen können und die wichtigsten Manöver beherrschen.«

Du musst, du musst, du musst …

Zio wagt es nicht, dem Ältesten noch einmal zu widersprechen. Doch in seiner Kehle wird es eng, und sein Herz pocht wild und laut.

»Du musst dich ab jetzt ohne Pause darauf konzentrieren, Flugfertigkeiten zu trainieren. Das ist deine Aufgabe als Zugvogel. Du musst bereit sein, den Flug durch die Hundert Himmel zu meistern. Nichts anderes zählt. Hast du das verstanden?«

Zio senkt seinen Kopf und schlägt die Augen nieder, als Zeichen der Zustimmung. Zu mehr ist er nicht in der Lage. Von außen mag es so aussehen, als würde er gehorchen, doch in ihm sieht es ganz anders aus. In ihm klingt ein einziges lautes Nein. Aber das darf er dem Ältesten nicht zeigen. Gerade eben war die Welt noch wunderbar und er ein Teil der unerschöpflichen Schönheit, die ihn umgab. Jetzt ist sie plötzlich weit weggerückt in eine schier unerreichbare Ferne. Zio hat das Gefühl, ganz am Rande zu stehen und nirgendwo dazuzugehören.

»Die Lage ist ernst. Dir bleibt nur eine begrenzte Zeit. Also, streng dich an. Sonst bist du verloren.«

Sonst bist du verloren?

Das ist ein hartes Wort, denkt Zio. Bestimmt übertreibt der älteste Zilpzalp, weil es ihm nicht gefällt, dass Zio anders ist. Er will ihm Angst einjagen. Damit er sich so verhält wie alle anderen auch. Deshalb ist man doch nicht gleich verloren? Unglücklich schaut Zio dem Ältesten nach, wie er davonfliegt, um den anderen Vögeln bei ihren Flugübungen zuzuschauen. Alle überbieten sich in ihrem Eifer, genauso wie es sich gehört und wie es dem ältesten Zilpzalp gefällt. Keiner der anderen Zilpzalpe schaut sich den Wald an, wie er es tut.

Sieht das denn niemand außer ihm? Vernimmt denn keiner der anderen die Lieder, die er in sich hört?

Wie kommt es, dass man einen goldenen Moment lang so glücklich sein kann, weil alles stimmt? Und wie kann es dann sein, dass schon im nächsten Moment rein gar nichts mehr stimmt? Hat Zio das alles so falsch empfunden?

Er schaut auf die Buchenknospe, von der er gerade noch gekostet hatte, und es kommt ihm plötzlich lächerlich vor, dass er diese kleine Knospe besingen wollte. Ein Lied für eine Knospe. Wie dumm von ihm. Der Geschmack auf seiner Zunge ist mit einem Mal ganz bitter. Wie ein Nebelschleier senkt sich ungebeten tiefe Scham auf ihn herab. Zio schämt sich für all die glücklichen Gefühle, die ihn vor wenigen Augenblicken noch durchflutet haben. Nur wer genauso ist wie alle anderen auch, ist ein richtiger Zilpzalp. Er ist es offensichtlich nicht. Er singt nicht so, wie ein Zilpzalp es tun sollte. Genau das, was er richtig gut kann, hat im Schwarm der Zilpzalpe keinen Wert. Das bedeutet, dass auch er keinen Wert hat und nicht dazugehört. Heiß und bitter schnüren Scham und Kummer ihm die Kehle zu.

Doch es dauert nicht lange, bis sich Trotz in ihm regt. Er will singen, und er wird singen! Er ist Zio, der Sänger, ob es dem Ältesten nun passt oder nicht. Er öffnet den Schnabel. Natürlich wird er weitersingen. Wenn schon nicht aus Freude, dann eben aus Trotz. Es kann ihm doch niemand verbieten, seine Stimme zu benutzen! Doch als er den Schnabel öffnet, erklingt nur ein verzagtes Piepsen. Ein kleines Zilp. Ein noch kleineres Zalp. Die Lieder sind in ihm verstummt. Und zu den Knospen fällt ihm jetzt auch nichts mehr ein.

Betroffen sitzt Zio in seiner Buche und schaut den anderen dabei zu, wie sie ohne ihn Spaß miteinander haben. Außer Zio sitzt niemand einfach nur still. Rund um ihn herum ist Bewegung. Es flattert und zwitschert und raschelt unentwegt. Vögel fliegen von Ast zu Ast, schlagen wild mit ihren Flügeln, ermutigen sich gegenseitig, höher zu flattern. Noch ein wenig höher. Noch ein wenig weiter. Zios Freunde sind, anders als er, unermüdlich dabei zu üben.

»Noch mal, noch mal, noch mal! Ich fliege höher als du, siehst du, wie hoch ich bin?«

Zack schwingt sich bereits zum wiederholten Mal in die Luft, während Zett mit Bedacht und Konzentration schon wieder am besten abschneidet und seinen Freund um einige Meter überholt. Alle sind geschäftig und flattern, rufen, fliegen unablässig umher. Noch einmal Steigflug, dann Sinkflug. Noch einmal schneller und höher. Jeder versucht, den anderen zu übertreffen. Sie gehören alle zusammen. Nur er hat bei ihnen keinen Platz.

Der verwunschene, alte Wald hallt von ihren fröhlichen Rufen wider. Zio versucht, seine Ohren zu verschließen. Er will einfach nicht hören, wie viel Spaß die anderen zusammen haben.

Spinner

Kaum ist der nächste Tag angebrochen, schrauben sich die anderen Zilpzalpe bereits unermüdlich hinauf in die Luft, als gäbe es nichts Schöneres auf der Welt. Halbherzig ist Zio einige Runden mitgeflogen. Doch wenn er ehrlich ist, hat es ihm keinen Spaß gemacht, mit den anderen zu wetteifern. Lieber hat er sich schnell wieder auf seine Singwarte in der Buche zurückgezogen, von wo aus er einen wunderbaren Blick in den Wald genießt. Seine Freunde üben nun schon den ganzen Tag von hoch oben den schnellen Sinkflug. Immer wieder beginnen sie von vorne. Schießen hinauf in die Höhe und lassen sich wieder nach unten fallen. Sie zählen die Flügelschläge und die Sekunden und versuchen, sich gegenseitig zu übertreffen. Allein beim Zuschauen fühlt Zio eine große Leere in sich. Was sie alles verpassen! Ob ein einziger von ihnen schon das schöne Sternenmoos entdeckt hat, wo er sich mittags an den Tautropfen labt? Bestimmt nicht. Er würde seinem Freund Zack sehr gerne das Lied vom Sternenmoos vorsingen. Vielleicht würde es ihm gefallen, vielleicht könnte er Zio dann besser verstehen? Doch schon während er darüber nachdenkt, kommt ihm wieder die Stimme des alten Zilpzalps in den Sinn.

So singt kein Zilpzalp.

Sonst bist du verloren.

Ob er doch mehr trainieren sollte? Er beobachtet das Treiben eine Weile, und als er den Ältesten herbeifliegen sieht, beschließt er, sich ein wenig zu den anderen zu gesellen. Als Zack, der gerade aus höchster Höhe in die Tiefe saust, auf dem Boden gelandet ist, flattert Zio zu ihm hin. Atemlos rappelt sich Zack von der Landung auf, um gleich wieder nach oben zu starten.

»Ich kann in drei Sekunden bis zur Spitze der Tanne dort fliegen. Und im Sinkflug bin ich schneller als alle anderen. Wie lange brauchst du?«

Zio muss zugeben, dass er das nicht weiß. Stattdessen schaut er Zack nachdenklich an.

»Aber warum machst du das? Warum fliegen alle so hoch hinauf, nur um sich wieder nach unten fallen zu lassen? Warum habt ihr es immer so eilig?«

Zack wird schon ungeduldig.

»Na, um Verfolger abzuschütteln. Wenn uns jemand am Boden bedroht, müssen wir schnell auffliegen, und wenn uns jemand in der Luft bedroht, müssen wir uns schnell fallen lassen. So ist das.«

»Aber wer sollte kleinen braunen Vögeln wie uns gefährlich werden?«

»Du bist ja genauso ein Spinner, wie alle sagen. Der Habicht natürlich. Wir sind sein Mittagessen, wenn wir nicht aufpassen.«

»Alle sagen, dass ich ein Spinner bin?«

Verlegen pickt Zack nach einer Ameise, die vor ihm entlangkrabbelt, und schweigt. Dann nickt er. Zio weiß nicht, was er darauf erwidern soll. Er will kein Spinner sein. Er findet es nicht richtig, dass man so über ihn denkt. Das, was

er beobachtet und besingt, ist keine Spinnerei. Das ist doch viel besser, als sich ständig zu messen und zu versuchen, der Schnellste zu sein. Besser, als endlos zu üben und pausenlos zu fliegen. Höher, schneller, weiter. Geht es denn wirklich nur darum in einem Vogelleben?

Zack sieht, wie bedrückt Zio ist, und versucht, ihn wieder aufzumuntern.

»Mach doch mit, Zio, am besten, du machst einfach mit. Dann sagt keiner mehr, dass du ein Spinner bist.«

»Vielleicht tue ich das.«

Möglicherweise ist es wirklich das Beste, denkt Zio, während er seinem zappeligen Freund nachschaut, der von Neuem begonnen hat zu üben. Und wenn er ehrlich ist, weiß er nicht, was schlimmer ist. Dass ihn alle für einen Spinner halten oder dass Habichte kleine braune Vögel zum Mittagessen vertilgen.

Aber was ist, wenn die anderen recht haben? Sie sind viele, er ist schließlich der Einzige, der immer alleine in der Buche sitzt und schaut und träumt und singt, er ist derjenige, der anders ist. Alle anderen wetteifern miteinander und zwitschern so fröhlich zusammen. Er wünschte, es würde ihm genauso viel Spaß machen. Warum kann ich nicht so sein wie die anderen Zilpzalpe, fragt sich Zio und würde gerne einfach dazugehören. Vielleicht sollte er es versuchen. Und er sollte es auch nicht zu lange aufschieben, denn neben all den Zweifeln ergreift ein weiteres Gefühl immer mehr Besitz von ihm. Und dieses Gefühl ist noch unangenehmer: Es ist Angst.

Sonst bist du verloren.

Dieser Satz hallt in ihm nach und wird immer lauter. Und die Beute des Habichts will er auch nicht sein. Er wird also üben müssen und versuchen dazuzugehören. Schluss mit dem Singen. Schluss mit dem Anderssein. Er nimmt sich fest vor, sich zusammenzureißen und das zu tun, was von ihm erwartet wird. Dann wird sich der Habicht ein anderes Opfer suchen müssen. Dann gelingt ihm der Flug durch die Hundert Himmel. Dann gehört er auch wieder dazu. Als er sieht, dass Zack und Zett ganz in seiner Nähe landen, fliegt er zu ihnen und verkündet ihnen seinen Entschluss: »Ab morgen wird alles anders. Dann trainiere ich mit euch und bin wieder richtig dabei!«

Ein guter Zilpzalp

Heute wird er also fliegen. Mehr als gestern. Mehr als je zuvor. Zio hat sich vorgenommen, heute genau so viel zu fliegen wie die anderen. Er wird alle damit überraschen, wie wunderbar er fliegen kann. Sie werden schon sehen, dass er kein Spinner ist. Zio breitet seine Flügel weit aus, bewegt sie einige Male auf und ab, bis er fühlt, wie sich die Luft darunter sammelt. Kraftvoll stößt er sich ab und schwingt sich in die Lüfte. Mit dem festen Vorsatz, heute richtig fleißig zu trainieren, beginnt Zio den Tag mit einem kleinen Flug. Er fliegt von Baum zu Baum seines vertrauten Waldes und spürt, wie ihn die Luft unter seinen Flügeln trägt. Das stimmt ihn zuversichtlich.

Als Nächstes segelt Zio zu dem lichten Birkenwäldchen, das sich vor seiner Buche ausdehnt. Zielstrebig fliegt er von einer Birke zur anderen und versucht dabei, immer schneller zu werden. Noch einmal, noch schneller. Wie oft Zio an diesem Vormittag zwischen den Bäumen hin- und hergeflogen ist, weiß er gar nicht mehr. Er spürt jedoch, dass es ihn ermüdet hat. Die Sonne steht schon hoch am Himmel, und Zio lässt sich in einem der Birkenwipfel nieder, um sich auszuruhen. Erschöpft krallt er sich im Geäst der Birke fest, um zu verschnaufen. Kaum ist er wieder bei Atem, schaut er sich um und betrachtet neugierig seine Umgebung. In den zarten, wippenden Ästchen entdeckt Zio feine Samen, von denen er naschen kann. Es macht ihm Spaß, dabei zuzuschauen, wie sich die Samen im Wind verteilen, wenn er die Fruchtstände anpickt und beobachtet, wie die feinen Samenblättchen der Birke munter davonschweben. Er ist so versunken in die Betrachtung, dass er seine guten Vorsätze komplett vergisst. Seine kleine Pause ist nun eigentlich vorbei und Zio sollte weiter trainieren. Aber es gibt viel zu viel zu entdecken.

Nachdem er sich in der Birke ausgeruht hat, besucht er die alte Eiche mit ihren einladenden, kräftigen Ästen. Sie ist der Spielplatz der Eichhörnchen, und ihr mächtiger Stamm ist von rotbraunen Schweifen derart umwirbelt, dass ihm ganz schwindelig wird. Wie besonders dieser Baum ist. Stark steht die Eiche da, fest verwurzelt breitet sie ihre Äste aus und bietet vielen Tieren Unterschlupf. Unter den großen Blättern des benachbarten Ahorns ist es wiederum ganz anders. Hier kann sich Zio unter einem einzigen Blatt komplett verstecken und dabei von den grünen Blütenbüscheln kosten, die üppig herabhängen und köstlich schmecken. Spätestens jetzt hat Zio alles vergessen, was er sich für heute vorgenommen hatte, dass auch er schneller, höher und weiter fliegen wollte. Stattdessen betrachtet er die Bäume. Wie unterschiedlich sie sind, denkt Zio. Jeder einzelne Baum hat ein ganz eigenes Wesen, und doch ergeben sie zusammen einen großen Wald. Und alle gehören dazu, so eigenartig und verschieden sie auch sind.

Zio fliegt weiter. Er landet an einer Stelle, an der er den herben Geruch des Waldbodens in sich aufsaugt, vermischt mit dem harzigen Duft junger Lärchen. Staunend fühlt er, wie weich die ersten Lärchennadeln sind, die den Baum wie ein hellgrünes Kleid bedecken. Nur wenige Meter weiter schenken die Blüten der Traubenkirsche dem Wind ihre schwere Süße, und Zio segelt eine Weile auf den Düften ihrer Blüte dahin. Wie interessant, denkt Zio und fliegt zwei, drei Male zwischen diesen unterschiedlichen Geruchswelten hin und her. Dabei wird Zio jedoch nicht schneller, ganz im Gegenteil, Zio wird langsamer. Er fliegt nicht hin und her, um zu trainieren, sondern um feiner wahrnehmen zu können. Dafür braucht er viel Zeit. Erst wenn er sicher ist, alles vollständig in sich aufgenommen zu haben, kann er weiterfliegen. Jetzt spürt Zio deutlich, dass er überhaupt nicht schneller fliegen möchte. Viel lieber möchte Zio immer langsamer fliegen, damit ihm bloß nichts entgeht. Der Wald ist viel zu schön, um ihn schnell zu überfliegen. Selbstvergessen segelt er in Ruhe hin und her, genießt jeden Augenblick und setzt sich dann mitten in den wohlriechenden Strauch der Traubenkirsche, um sich zwischen ihren zarten Blütenrispen auszuruhen, bevor er weiterfliegt.

Die schattigen Stellen des Waldes, stellt Zio fest, riechen ganz anders als diejenigen, welche die Sonne mit ihren Strahlen erwärmt. Zwischen den Hainbuchen nimmt er den Geruch von würzigem Waldmeister in der Sonne wahr, der ihm so gut gefällt, dass er wieder einige Male zwischen den jungen Bäumen hin- und herfliegt, damit er den Duft einatmen kann, bevor er sich niederlässt, um zwischen dem frischen Waldmeistergrün nach Nahrung zu suchen. Bald kennt er die Duftfelder seines ganzen Waldes.

Als es Abend wird, sitzt Zio auf seiner Singwarte in der Buche und erinnert sich an alles, was er heute gesehen hat. Wie wundervoll es ist, denkt Zio, in aller Ruhe einfach zu genießen und nicht zu hetzen. Wie schön das ist, nichts zu müssen. Welch ein Glück es ist, einfach da zu sein. Und Zio singt. Er singt das Lied der Traubenkirsche, das Lied der Birke und das Lied der Eiche. Er singt von den Düften, denen er begegnet ist, und von den Baumkronen, die er überflogen hat. Sein Lied ertönt weit in den Wald hinein, und kein Waldbewohner kommt umhin, es zu hören. Die Eichhörnchen halten inne, als sie hören, dass sie in seinem Lied vorkommen, die Amseln schauen überrascht auf und fragen sich, was das bloß für ein Sänger ist, der so ausgedehnte melodische Lieder singt wie sie?

Zios kleines Vogelherz wird groß und weit, und der Wald erklingt in ihm. In diesem Moment ist er eins mit den mächtigen alten Bäumen, dem lichten Wäldchen, der Traubenkirsche, der Lärche, dem trockenen Laub am Boden und dem jungen Grün, das dazwischen wächst. Er ist eins mit den Wohlgerüchen des Waldes und mit dem Himmel über den Wipfeln und lebt ganz und gar für diesen Augenblick. In der grünen Kuppel flirrender Blätter, deren Rauschen ihn begleitet, ist alles gut.

Doch jäh zerreißt der schöne Moment. Zett taucht neben ihm auf und spricht ihn herausfordernd an.

»Dann zeig mal, was du heute gelernt hast, Zio. Zeig mir deinen besten Steigflug!«

Zio wird ganz heiß, als ihm wieder einfällt, dass heute ja sein erster Trainingstag ist. Das hat er völlig vergessen. Er hat an diesem Tag so viel erlebt, gesehen und so viele Lieder in sich gehört. Aber es wird Zett kaum interessieren, was er heute gemacht hat, das ahnt er schon. Besser, er erwähnt es seinem Freund gegenüber nicht.

»Ich bin heute doch schon recht hoch gestiegen, oder? Hast du es nicht gesehen?«, versucht sich Zio herauszureden. Er war schließlich weit über den Wipfeln der Birken und hat alle Baumkronen von oben betrachtet. Sie sahen aus wie die Grasbüschel, die in Lichtungen auf dem Waldboden wachsen. Das war sehr, sehr hoch. Aber Zett schaut seinen Freund skeptisch an. Jetzt bemerkt Zio, dass sie von einer ganzen Gruppe von Zilpzalpen beobachtet werden. Die Blicke der anderen Vögel sind ebenfalls skeptisch. Sie scheinen ihm nichts zuzutrauen. Dann wird er es ihnen eben zeigen, wie hoch er fliegen kann. Er nickt notgedrungen.

»Gut, dann steige ich noch einmal nach oben.«

»Los! Um die Wette!«

Zett fordert ihn heraus, und Zio nimmt an. Er sammelt Schwung, stößt sich ab, und im Nu geht es in Richtung Himmel. Er versucht, so zu tun, als ob es ihn gar nicht anstrengt, aus dem Stand in die Höhe zu fliegen, und steigt so schnell er kann. Steigflug ist gar nicht so schwer, denkt Zio. Das kann man auch, ohne den ganzen Tag durch den Wald zu hetzen.

Doch in diesem Moment spürt er einen Luftzug an seiner Seite: Zett ist an ihm vorbeigezischt. Er steigt doppelt so schnell wie er in die Höhe.

Zios Herz pocht heftig von der Anstrengung, und er versucht, es vor Zett zu verbergen, als sie nebeneinander wieder nach unten segeln.

»Schneller kannst du das nicht?«

Zetts Urteil ist vernichtend.

»Das wird schwierig, Zio, das reicht nicht. Du musst besser werden.«

Zio senkt den Blick. Wenn er besser werden muss, ist er nicht gut genug. Zett dagegen ist gut, genau so, wie er ist. Gut, besser und am besten. Nur Zio fällt durch. Zio ist nicht gut genug. Weil er anders ist.

»Nur wenn du besser wirst, wird es dir gelingen, durch die Hundert Himmel zu fliegen«, fährt Zett fort, ihn zu ermahnen. »Du darfst nicht so viel träumen und so viel singen. Das nützt niemandem etwas, und dir nützt es am allerwenigsten. Höre auf meinen Rat.«

Und in einem etwas weicheren, fast mitleidigen Ton fügt er hinzu:

»Ich will dir doch nur helfen.«

Zio weiß nicht, was schlimmer ist. Die Strenge, mit der Zett ihn ermahnt, oder das Mitleid in seinem Blick, als er davonfliegt, um sich wieder zu den anderen Zilpzalpen des Schwarms zu gesellen.

Wenn Zio dazugehören will, muss er versuchen, besser zu werden. Was bleibt ihm schon anderes übrig, als genau das zu tun, was alle tun, um mitzuhalten? Hat er überhaupt eine Wahl? Doch wann findet er dann noch Zeit für seine Lieder? Als Zio abends in der dicht belaubten Krone der Buche seinen Schlafplatz einnimmt, ist sein Herz schwer.

Das Lied vom traurigen Zilpzalp

Nicht Zilp nicht Zalp werd ich singen
Um ein guter Zilpzalp zu sein
Doch mein Herz wird nicht klingen
Mein Herz wird nicht schwingen
Ohne mein Singen

SOMMER

Zios Geheimnis

Zio versucht, sich möglichst unauffällig umzuschauen, ob sich andere Zilpzalpe in der Nähe seiner Buche aufhalten. Im Augenblick kann er niemanden entdecken. Das ist gut. Denn er hat etwas vor, wobei er nicht beobachtet werden möchte. Zio hat ein Geheimnis.

Zunächst tut er so, als ob er nur in den kleinen Birkenhain fliegt, dann flattert er etwas weiter, bis er das andere Ende des lichten Wäldchens erreicht, wohin ihm meist kein anderer Zilpzalp folgt. Hier ist er allein. Er ruht sich einen Moment aus und wartet ab, ob ihm auch wirklich niemand gefolgt ist. Unter einer kleinen Hainbuche sucht er Schutz und Schatten, denn der Nachmittag ist warm und Zio möchte nicht in der hellen, heißen Sonne sitzen. Außerdem fühlt er sich im Blattwerk des Unterholzes sicherer, verborgen vor den Feinden der Lüfte, den Habichten und dem Rotmilan.

Das junge Frühlingsgrün des Waldes ist nun in das satte und dunklere Grün des Sommers übergegangen. Die Tage sind lang und warm, doch im Schatten des Waldes bleibt es stets angenehm kühl. Auch deshalb verharrt er hier eine Weile. Zios Tag ist bis zu dieser kleinen Ruhepause unter der Hainbuche schon anstrengend gewesen, denn er gibt sich noch immer große Mühe dazuzugehören. Er arbeitet an seinen Flugtechniken wie die anderen Zilpzalpe auch. Doch während die Vögel seines Schwarmes nichts anderes kennen als das Üben und sich täglich aufs Neue daran zu erfreuen scheinen, bleibt es für Zio eine mühselige Angelegenheit. Es fällt ihm einfach schwer, nach nichts anderem zu streben, als zu fliegen und zu flattern, zu steigen und zu sinken. Es ist stets das Gleiche. Höher, schneller, weiter. Jeden Tag beginnt alles wieder von vorne. Zio muss sich oft zusammenreißen, denn eigentlich will er nur eines: all die Lieder singen, die Tag für Tag in ihm entstehen. Und deshalb hat Zio ein Geheimnis.

Wenn die Zilpzalpe am späten Nachmittag zur Ruhe kommen, weil sie sich tagsüber verausgabt haben und erschöpft sind, beginnt Zios heimliche Stunde, für die er sich immer etwas von seiner Kraft bewahrt. Niemals würde er sich völlig verausgaben, um besonders gut abzuschneiden. Es reicht ihm, gerade so mitzuhalten, um nicht aufzufallen. Während die anderen sich ausruhen, fliegt Zio so unauffällig wie möglich davon, bis zur Grenze des Waldes, wo die Bäume enden und Wiesen und Felder sich in sanften Hügeln in eine Weite dehnen, die er noch nie zuvor gesehen hat. Hier ist alles ganz anders als in seinem Wald. Es ist trocken, warm und sonnig, und Zio ist weit genug entfernt von seinem Schwarm, um ungestört zu singen. Hier am Waldrand verbringt er seine beste Zeit.

Das Korn auf den Feldern duftet und nährt ihn, in den Wiesen finden sich genug Insekten, an denen er sich satt essen kann. Zio weiß, dass es gefährlicher ist, über freie Felder zu fliegen. Aus diesem Grund meiden die anderen Zilpzalpe diese Gegend, und genau deshalb ist Zio hier allein und kann nach Herzenslust den Sommer besingen, so viel und so laut er will, ohne dass ihn jemand hört. Hier fühlt er sich frei.

Am liebsten fliegt Zio bis zu einem Feld voller Sonnenblumen. In einem Holunderbusch am Waldrand direkt gegenüber des Feldes hat er einen guten Platz zum Singen gefunden. Hier sitzt er geschützt, mit einem freien Blick auf das Blumenfeld und genießt den Anblick, der sein Herz erfreut. Er genießt die Wärme, die durch sein Gefieder dringt, und spürt beim Anblick der freundlichen Blumen ein neues Lied in sich aufsteigen.

Lied der Sonnenblume

Verliebt in Licht und Wärme
Dreht sie sich stets
Zur Sonne hin
Bis sie selbst zur Sonne wird

Nachdem Zio sein Lied beendet hat, nimmt er am Rande des Sonnenblumenfeldes eine Bewegung wahr. Sofort wird er ganz still. Eine kleine Staubwolke hat sich dort gebildet. Jetzt verdichtet sie sich und steigt langsam auf. Neugierig beobachtet Zio die kleine Wolke, hüpft jedoch vorsichtshalber etwas tiefer in den Holunderbusch hinein, hinter dessen Blattwerk sich ein kleiner Vogel wie er gut verbergen kann. Lieber betrachtet er das Ganze in sicherer Distanz aus seinem Versteck heraus. Als sich der Staub nach einer Weile legt, erkennt er erleichtert, was die Wolke verursacht hat: Ein kleiner Vogel hat ein ausgiebiges Staubbad genommen und schüttelt sich nun kräftig. Zio vermutet, dass es ein brauner Sperling ist, der hier sein Gefieder pflegen will. Doch als er genauer hinschaut, entdeckt er, dass es sich bei dem Vogel um einen Zilpzalp handelt. Zio ist erstaunt, einen Artgenossen zu entdecken, der Staubbäder nimmt wie ein Sperling. Und noch erstaunter ist er, als er erkennt, um wen es sich hier handelt. Nämlich um niemand Geringeren als die schöne Zilla. Was um Himmels willen macht sie hier, weit weg vom Schwarm?

Aus seinem Versteck beobachtet er, wie sie ihr Gefieder nach dem Bad sorgfältig ordnet. Anmutig zupft sie mithilfe ihres Schnabels ihr Federkleid zurecht, streicht die Schwungfedern aus und schüttelt sich erneut, um ihre Federn dann wie einen Fächer auszubreiten und sich in der Sonne zu wärmen.

Zio bleibt ganz still sitzen und gibt keinen Laut von sich. Schließlich will er nicht entdeckt werden. Wahrscheinlich würde Zilla sofort wegfliegen, wenn sie wüsste, dass Zio sie heimlich beobachtet. Versonnen betrachtet er ihr aufgefächertes Gefieder und bewundert die anmutige Neigung ihres Kopfes. Auch ihre gelben Augenbrauen sind hübscher als die der anderen Vögel. Nachdem sie ausgiebig in der Sonne gebadet hat, schwingt sie sich elegant und scheinbar völlig mühelos in die Lüfte, um fast ohne einen Flügelschlag davonzusegeln. Fasziniert schaut Zio ihr nach, bis sie über den Wipfeln des Waldes verschwunden ist. Er weiß nicht, ob er schon einmal etwas Bezauberndere gesehen hat als die badende Zilla. Am liebsten würde er ihr sofort nachfliegen und ihr sagen, wie schön sie ist. Aber natürlich weiß er nur zu gut, dass die anmutigste Vogelfrau des ganzen Schwarms sich für ihn nicht interessieren wird. Auch wenn er sich durchaus Mühe gibt, bringt er keine Glanzleistungen wie sein Freund Zett, neben dem sie sehr oft zu sehen ist. Natürlich, denkt Zio. Zett kann ja auch alles. Natürlich ist der beste Zilpzalp genau der Richtige für die Schönste des Waldes. Daran zweifelt niemand. Weder Zett noch Zilla noch Zio. Aber ein bisschen schade ist es schon.

Am nächsten Tag fällt es Zio noch schwerer als vorher, Zett dabei zuzusehen, wie er eine Pirouette nach der anderen dreht, um Zilla zu beeindrucken. Allem Anschein nach gelingt ihm das auch. Wie Zilla Zett anhimmelt! Das ist ja nicht zum Aushalten, denkt Zio, dessen Pirouetten natürlich lange nicht so meisterlich ausfallen wie die seines perfekten Freundes. Doch auch heute kann Zio es kaum abwarten, dass es endlich Nachmittag wird und die Übungszeit vorbei ist. Endlich kann er erneut zum Waldrand fliegen. Heute freut er sich nicht nur darauf zu singen. Heute schlägt sein Herz auch besonders schnell bei dem Gedanken an Zilla. Ob sie wieder am Feldrand baden wird?

Er fliegt direkt in den Holunderbusch, in dem er auch gestern gesessen hat, schaut auf das Sonnenblumenfeld und wartet ab. Lange sitzt Zio in dem Busch, ohne dass irgendetwas passiert. Sommerliche Wärme steht über dem Feld, und kein Lüftchen regt sich. In den Hecken summen Wildbienen und Hummeln, und Zio denkt sehnsüchtig an die Tautropfen, die sich im schattigen Sternenmoos seiner Futterstelle sammeln. Wie gerne hätte er jetzt einige dieser Tautropfen. Seine Zunge ist schon ganz trocken. Ob er lieber davonfliegen soll? Bestimmt kommt Zilla heute nicht. Außer den Insekten, die ihn umschwirren, bewegt sich gar nichts. Nur die Sonnenblumen drehen ihre Gesichter langsam in Richtung der wandernden Sonne.

Als plötzlich ein Flügelschlag die Stille durchdringt, schreckt Zio auf. Da ist sie. Anmutig flattert sie zum Feldrand und landet im Staub neben den Sonnenblumen. Neugierig schaut Zilla sich um und legt den Kopf schief. Sie scheint auf irgendetwas zu warten, das nicht eintrifft. Zio sitzt gebannt zwischen den Holunderblättern und wagt es kaum, sich zu bewegen, um nicht entdeckt zu werden. Nach einer Weile beginnt Zilla, sich in ihrem Staubbad zu wälzen, schlägt mit den Flügeln, bis kleine Wolken emporsteigen, und schüttelt sich kräftig. Nachdem sie ihr Gefieder geordnet hat, spreizt sie es wieder wie einen Fächer auf, um nun ein Sonnenbad zu nehmen. Auch dabei schaut sie sich immer wieder suchend um, als ob sie auf etwas wartet. Auf was wartet Zilla nur?

Stumm und starr verharrt Zio in seinem Busch, bis sie anmutig die Flügel hebt und im Wald verschwindet. Jetzt erst bemerkt er, wie steif er vom langen Stillsitzen geworden ist. Beinahe fällt er vom Ast. So lange hat er sich nicht geregt, dass er erst Feder für Feder bewegen und jede einzelne Kralle anheben und wieder absetzen muss, bevor er sein Versteck verlassen kann. Er verputzt einige Holunderbeeren und dreht noch eine Runde über das Kornfeld. In den Ähren sitzt das weiche, noch unreife Getreide, und er lässt sich darauf nieder, um die Körner gleich vom Halm zu picken. Der Halm biegt sich unter seinem Gewicht, und er muss sich gut festhalten, um sich an den süßen Körnern zu laben, bevor er sich auf den Heimweg macht. Als er wieder auf seiner Singwarte in der Buche sitzt, lässt ihn der Gedanke an Zilla nicht los.

»Kommst du mit? Wir machen zusammen einen Abendflug? Einmal um die Wette!«

Zack weiß eigentlich genau, dass Zio die gemeinsamen Abendflüge oft ausfallen lässt. Trotzdem fragt er ihn immer wieder und lädt ihn fröhlich ein mitzumachen. Heute zögert Zio keinen Augenblick. Er ist so gespannt, Zilla wiederzusehen, dass er sofort zustimmt.

Doch als Zio sich zusammen mit seinem Freund Zack dem Schwarm nähert, schlägt den beiden unverhohlener Unmut entgegen. Die anderen Vögel sind überhaupt nicht begeistert davon, dass Zio heute mitmachen will. Einer ihrer Anführer ist Zong, dem es vor allem darum geht zu gewinnen, aber mit Zio im Team ist das seiner Ansicht nach kaum möglich. Zong tut meistens so, als würde er Zio gar nicht kennen, als wäre er unsichtbar, nur damit er ihn niemals in sein Team wählen muss. Heute stellt er sich offen gegen ihn.

»Oh nein. Nicht der.«

Zong hört überhaupt nicht damit auf, ihn schlechtzumachen. Zio presst den Schnabel zusammen und würde am liebsten sofort umkehren. Wenn er hier nicht erwünscht ist, dann fliegt er eben nicht mit.

»Zio verdirbt uns nur wieder das Ergebnis. Er ist ein Spielverderber.«

»Sei still.«

Zack verteidigt ihn, und Zios Herz macht einen kleinen Hüpfer. Er ist froh, sein Freund Zack hält zu ihm. Heute mischt sich sogar Zett ein.

»Zio fliegt mit. Das ist eine Anordnung der Ältesten. Er muss genau wie wir alle lernen, die Abendwinde zu finden und auf ihnen zu segeln, um sich auszuruhen auf dem Flug durch die Hundert Himmel. Zio, bist du bereit?«

Zio nickt, obwohl er eigentlich schon keine Lust mehr hat mitzufliegen. Es ist schwer, dort hinzugehen, wo man nicht willkommen ist. Er hört das Rumoren der anderen Vögel und spürt genau, dass außer Zack und Zett niemand dafür ist, dass er mitfliegt. Außerdem hat er genau gesehen, dass auch Zilla genervt den Kopf zur Seite gelegt hat, als Zett für ihn das Wort ergriffen hat. Auch sie will ihn also nicht dabeihaben.

Zio beschließt, heute allen zu zeigen, dass er auch richtig gut sein kann. Er will heute so gut abschneiden, dass es niemand bereuen muss, ihn in seinem Team fliegen zu lassen.

Heute werde ich erfolgreich sein, denkt Zio und antwortet Zett voller Zuversicht: »Bereit!«

Zio versucht, seine Stimme sehr kräftig klingen zu lassen, und schwingt sich in die Luft, um den anderen zu folgen. Wie immer werden sie um die Wette fliegen, und wie immer wird es nur darum gehen, möglichst schnell am Ziel anzukommen. Wie immer werden zwei Gruppen gebildet, die sich gegenseitig übertreffen wollen, die eine wird angeführt von Zong und die andere von Zett. Und wie immer will ihn niemand gerne in seiner Gruppe haben. Am Ende ist Zio als Einziger übrig.

»Dieses Mal seid ihr dran«, beschwert sich Zong lautstark. »Wir hatten ihn das letzte Mal bei uns und haben wegen ihm verloren.«

»Aber uns hat er auch schon so oft das Ergebnis verdorben. Eigentlich seid ihr dran.«

Ausgerechnet Zilla muss das sagen. Sie sitzt neben Zett und stupst ihn mit ihrem Schnabel an. Es schmerzt Zio, dass ausgerechnet sie ihn ausschließen will, denn natürlich möchte er am liebsten im Team von Zett, Zack und Zilla mitfliegen. Wie gerne würde er ihr und seinen Freunden beweisen, dass er kein Versager ist.

»Natürlich nehmen wir ihn zu uns! Komm Zio, wir fliegen zusammen. Du bleibst an meiner Seite!«

Wieder ist es Zack, der sich für ihn einsetzt. Während Zilla sich empört aufplustert, schaut Zett ihn bittend an.

»Streng dich an, Zio, verdirb uns nicht den Abend.«

Zio nickt. Zett braucht sich keine Sorgen zu machen. Heute wird er niemanden enttäuschen, sondern allen zeigen, was in ihm steckt.

»Spürst du's? Hier ist der Wind! Komm her, Zio!«

Die erste Aufgabe dieses Wettfluges besteht darin, einen tragfähigen Abendwind zu finden, auf dem es sich lange segeln lässt. Zack, der wild wie immer fast den gesamten Himmel abgeflogen ist und seinem Namen alle Ehre gemacht hat, ruft Zio herbei. Er hat einen Wind gefunden, der sie tragen kann. Und wirklich, als Zio zu Zack fliegt, spürt er ihn auch. Plötzlich hebt ihn der Wind wie eine warme Wolke sanft in die Höhe. Der Abendwind, der direkt aus den warmen Feldern unter ihm emporzusteigen scheint, trägt ihn. Zio spürt den Wind unter den Flügeln, fühlt, wie er von Lüften getragen wird, die noch den würzigen und blumigen Duft der Felder verströmen. Das ist ja ein wunderbares Gefühl! Das ist die schönste Übung, bei der er jemals mitgemacht hat. Er breitet die Flügel aus und überlässt sich ganz und gar dem Flug. Damit meistert er schon die zweite Aufgabe. Denn jetzt geht es darum, eine Flügelstellung zu finden, die sich mühelos halten lässt, um auf den Winden zu segeln. Es kommt auf die Stellung jeder einzelnen Feder an. Denn nur wenn die Flughöhe auf dem richtigen Wind mit der bestmöglichen Federstellung genau aufeinander abgestimmt ist, kann man mit optimaler Geschwindigkeit und geringster Anstrengung ausdauernd segeln. Wenn es sein muss, auch eine ganze Nacht lang. Jeder Zilpzalp weiß, dass dies eine wichtige Fertigkeit für den großen Flug durch die Hundert Himmel ist.

Zio gefällt es, von Lüften getragen zu segeln. Er schaut nach unten, wo Felder, Wiesen und Wälder liegen und ein Muster aus vielen Grünschattierungen ergeben, er sieht, wie sich das silberne Band des Flusses durch die Landschaft schlängelt, und er freut sich an den unterschiedlichen Winden und Gerüchen, auf denen er dahinfliegt. Er entdeckt so viel Neues auf diesem Abendflug, dass er gar nicht bemerkt, wie schnell er ist und dass er Zack schon weit hinter sich gelassen hat. Als er sich umschaut, erkennt er nurmehr einen zappelnden Punkt in der Ferne und kehrt sofort um, um ihm zu helfen.

»Du flatterst zu wild.«

Als er ihn erreicht hat, ruft er ihm zu, was er tun soll.

»Breite die Flügel aus und halte sie still. Spürst du die Luft, sie trägt uns, du musst gar nichts tun.«

Zio macht ihm vor, wie es geht, doch Zack kann nicht aufhören, mit den Flügeln zu schlagen und ist schon völlig erschöpft.

»Wieso kannst *du* das auf einmal? Du bist einfach davongesegelt, wie hast du das gemacht, Zio? Du hast ja ein richtiges Segeltalent!«

Zack ist erstaunt, dass es etwas gibt, das Zio wirklich hervorragend bewältigt, und lobt ihn wie nie zuvor. Zio wird ganz warm zumute. Froh fliegt er an Zacks Seite weiter. Noch nie hat ihn bisher jemand für irgendetwas gelobt. Fröhlich begleitet er Zack und ermahnt ihn immer wieder, ruhig zu bleiben.

»Rede nicht so viel und konzentriere dich lieber. Schließe

die Augen und fühl den Wind unter den Schwingen, halte die Federn still ... ganz ruhig ... ja ... schau, du kannst es!«

»Ich kann segeln, ich kann's!«

Schon beginnt Zack wieder, vor Freude mit den Flügeln zu schlagen. Und sofort ist es vorbei mit dem Segeln. Während der Wind Zio schon viele Meter weitergetragen hat, kämpft Zack noch gegen die Strömung an.

»Halte die Flügel still. Schau mir zu. Mach mir alles nach«, ruft Zio Zack zu.

»Aber du tust gar nichts!«

»Dann mach eben genau das nach.«

Zio übt so lange mit Zack, bis er die richtige Flügelstellung findet. Zio ist so stolz. Zum ersten Mal konnte er etwas besser als Zack, zum ersten Mal ist er keine Behinderung für die anderen, sondern konnte sogar jemandem helfen. Glücklich nähern sie sich zusammen dem Zielpunkt. Als die beiden nebeneinander ins Ziel kommen, sind sie die Letzten.

»Das war ja klar!«

Zilla und Zett sind wütend, dass ihr Team wegen den beiden Nachzüglern verloren hat. Doch das will Zack nicht auf sich und Zio sitzen lassen.

»Gar nichts ist klar! Zio war der Schnellste! Er war viel schneller als ich, aber er ist umgekehrt, um mir zu helfen. Ich habe es nämlich einfach nicht hinbekommen. Bin geflattert und geflattert ... bis ich mal kapiert habe, wie man ...«

Doch Zack wird jäh unterbrochen, als Zett ihm einfach ins Wort fällt.

»Spar dir dein Gerede. Du musst den lahmen Kerl nicht auch noch in Schutz nehmen. Wir wissen alle, dass er ein Versager ist. Du brauchst nicht für ihn zu lügen.«

Alle nicken. Offenbar sind sie derselben Meinung. Zong, Zett, Zilla und der ganze Schwarm. Zios Stolz schmilzt dahin. Bis eben hatte er noch gehofft, ein einziges Mal Anerkennung zu finden. Er versucht erst gar nicht, sich gegen die falschen Vorwürfe zur Wehr zu setzen, weil er weiß, dass es sinnlos ist. Zio kennt es nur zu gut, dass er von den anderen nicht verstanden wird, und tut so, als wäre es ihm egal. Wenn er aber ehrlich ist, macht es ihm etwas aus. Sehr viel sogar. Wie ein Dorn, der sich durch sein Federkleid bohrt, sticht der Schmerz der Enttäuschung in seiner Brust. Doch was ihn in diesem Augenblick am meisten schmerzt, ist die Tatsache, dass Zack der Lüge bezichtigt wird. Das ist so ungerecht, dass Zio es nicht aushält. Unmöglich kann er das unwidersprochen lassen und beginnt, seinen Freund zu verteidigen.

»Zack lügt nicht, es ist wahr, was er gesagt hat!«

Doch Zett geht gar nicht auf ihn ein. Stattdessen weist er ihn zurecht.

»Sei still, Zio. Ich bin enttäuscht von euch. Das war so eine dumme Idee, uns alle anzulügen und zu versuchen, uns zu täuschen. Morgen seid ihr von den Flügen ausgeschlossen.«

Damit wendet sich Zett von ihnen ab, und die Versammlung löst sich auf. Zio kann es nicht ertragen zu sehen, wie Zacks Augen sich unweigerlich mit Tränen füllen. Zacks ungläubiger Blick tut ihm selbst am meisten weh. Und natürlich versetzt es ihm auch einen doppelten Stich, dass Zilla Zett nun noch mehr bewundert. Anscheinend gibt es im ganzen Schwarm keinen einzigen Vogel, der ihm irgendetwas zutraut. Man scheint es für durchweg unmöglich zu halten, dass Zio irgendwelche besonderen Fähigkeiten besitzt. Aus diesem Grund fällt es allen leichter zu glauben, dass Zack lügt.

Dabei müsste doch jeder wissen, dass das überhaupt nicht in seiner Natur liegt. Zack ist viel zu ungeduldig, um sich überhaupt eine Lüge auszudenken! Zio kann es nicht fassen, dass die anderen das nicht einen Moment lang in Betracht ziehen. Man kann Zack sicher vorwerfen, dass er zu unruhig ist. Oder dass er zu impulsiv mit seiner Meinung herausplatzt, ohne vorher auch nur eine Sekunde nachzudenken. Aber lügen? Dazu wäre Zack niemals in der Lage.

Schaut doch genau hin, will Zio ihnen am liebsten zurufen. Erkennt doch endlich, dass es manchmal auch ganz anders ist. Zack kann nicht lügen, und Zio kann segeln. Ist denn niemand bereit, sich überraschen zu lassen oder an das kleine Wunder zu glauben, das gerade geschehen ist? Warum sehen die anderen das nicht, fragt sich Zio nachdenklich. Sieht am Ende jeder nur das, was er sehen will?

Zio nimmt Zack mit in den Birkenhain, um ihn abzulenken. Die Birkenblüte hat ihnen in diesem Sommer einen wahren Samenregen beschert. Dort zeigt Zio seinem Freund, wie er die Samenstände anpicken muss, um kleine Wolken der hauchdünnen Blättchen fliegen zu lassen. Bald sind sie beide völlig mit Birkensamen bedeckt und picken sich fröhlich das Gefieder. Wenigstens kann Zack jetzt wieder lachen, und Zio stimmt sein Lied der Birke an, um ihn zu erfreuen.

Lied der Birke

Girlanden im flirrenden Grün
schwingen hin und her
schwingen auf und ab
schwinge ich mit
wenn der Wind Konfetti regnet

Entdeckungen

An den langen Sommertagen sitzt Zio oft im Holunderbusch am Waldrand, um seine heimlichen Lieder zu singen. Die Hitze liegt wie eine Decke über der reglosen Landschaft, die sich vor ihm ausbreitet, und kein Lüftchen weht. Noch nicht einmal in den zartesten Gräsern gibt es die kleinste Bewegung. Nur vereinzelte Waldbienen summen im Gebüsch, ansonsten ist es still. Allein Zios klare Stimme durchdringt die Stille dieser warmen Sommernachmittage mit melodiösen Liedern. Er freut sich besonders, wenn Zilla ebenfalls hier auftaucht, um ihr Staubbad am Feldrand zu nehmen. Regelmäßig kommt sie zu diesem Platz bei den Sonnenblumen, um zu baden, und immer wieder scheint sie auf etwas zu warten. Sobald sie erscheint, sitzt Zio reglos und stumm im Holunderstrauch. Natürlich hört er sofort auf zu singen, sobald Zilla auftaucht. Schließlich will er von ihr weder gehört noch entdeckt werden. So sitzt er auch jetzt still und versonnen im Holunderbusch und betrachtet amüsiert die kleine Staubwolke, die die badende Zilla verursacht. Gleichzeitig grübelt er darüber nach, nach was sich Zilla immer wieder umschaut, auf was sie wohl wartet. Was könnte das sein? Ob sie auf Zett wartet? Seinen Freund hat Zio hier jedoch noch nie gesehen.

Plötzlich nimmt Zio wahr, wie sich der Himmel ein wenig verdunkelt und ein Schatten auf die kleine Szene am Feldrand fällt. Rasch schaut er in die Höhe und sieht einen Rotmilan über dem Feld seine Kreise ziehen. Seine Flügel sind riesig. Jetzt senkt er seinen Flug, und seine Kreise werden enger. Hat er Zilla etwa schon entdeckt? Rasch stößt Zio gellende Warnrufe aus.

»Ein Milan! Flieg weg! Schnell!«

Als Zilla erschrocken aufschaut, sieht sie den Raubvogel schon dicht über sich. Sie zögert keinen Augenblick und jagt mit kräftigen, schnellen Flügelschlägen in das Gebüsch, um sich dort zu verbergen. Keine Sekunde zu spät. Kaum hat sie ihren Badeplatz verlassen, stößt der Rotmilan schon nach unten. Er streift den Boden mit solcher Kraft, dass der Staub in einer riesigen Wolke hochwirbelt. Das war knapp. Wäre

Zilla nur eine halbe Sekunde später losgeflogen, hätte er sie erwischt.

Zum Glück versucht der Rotmilan erst gar nicht, ihr in das dichte Buschwerk am Waldrand zu folgen. Er weiß genau, dass seine besten Chancen auf gute Beute im freien Feld liegen, wo er sich aus der Höhe in blitzschnellem Flug auf sein ahnungsloses Opfer fallen lassen kann. Im Wald oder Gebüsch erweist sich die große Spannweite seiner Flügel allerdings als Hindernis.

Zios Herz klopft schnell. Er ist in heller Aufregung und kann keinen einzigen Laut von sich geben. Noch nie hat er einen so großen Greifvogel so nah vor sich gesehen. Was für ein Schock! Noch immer wirbelt der Staub über dem Boden und zeugt von der ungeheuren Wucht, mit der der Milan zugeschlagen hätte. Wenn er Zilla – nein, Zio kann und will sich nicht vorstellen, was beinahe passiert wäre. Als er sich etwas beruhigt hat und seine Stimme ihm wieder gehorcht, ruft er leise nach Zilla. Ihr ebenso leises Piepsen, mit dem sie ihm antwortet, klingt überrascht. Sie wundert sich, warum irgendjemand hier weit weg von ihrem Schwarm ihren Namen kennt. Zio pflückt eine weiche Holunderbeere für sie und lauscht, woher Zillas Piepsen kommen könnte. Als es ihm gelungen ist, die Töne zu orten, flattert er in ihre Richtung und findet sie in dem Gestrüpp, in das sie sich geflüchtet hat. Überrascht schaut Zilla ihn an.

»Zio?« »Warst du das? Hast du mich eben gewarnt?«

Zio nickt, und Zilla senkt den Kopf, um sich bei ihm zu bedanken.

»Sieht so aus, als hättest du mir eben das Leben gerettet. Danke, Zio.«

»Ist doch selbstverständlich.«

Etwas verlegen schubst Zio die frischgepflückte Beere zu ihr hin.

»Komm, Zilla, du musst dich ein wenig stärken auf den Schreck. Du zitterst ja richtig.«

»Du zitterst ja selbst noch …«

Jetzt erst bemerkt Zio, wie sehr auch ihm der Schock im Körper sitzt.

»Ein Rotmilan in nächster Nähe, ich hätte niemals gedacht, dass er so riesig ist. Man hat keine Chance, wenn man nicht wirklich schnell ist. Zum Glück konntest du dich so schnell verstecken, Zilla.«

»Ja, zum Glück. Jetzt weiß ich wenigstens, wofür wir immer trainieren ... komm, wir teilen.«

Zilla pickt vorsichtig an der Beere und schiebt sie dann näher an Zio heran.

»Danke«, sagt er leise, und Zilla muss lachen.

»Es ist doch deine Beere. Du brauchst dich nicht dafür zu bedanken.«

Langsam beruhigt sich ihrer beider Herzschlag. Es ist gerade noch einmal gut gegangen, denkt Zio. Zilla ist gerettet. Aber die Begegnung mit dem großen Raubvogel lässt sich nicht so leicht abschütteln. Das scheint auch Zilla so zu empfinden. Stumm teilen sie sich die Beere. Nach einer Weile hebt Zilla ihre gelbe Augenbraue und schaut ihn fragend an.

»Aber was um alles in der Welt machst du hier, Zio? Warum bist du nicht bei unserem Schwarm?«

Zio öffnet den Schnabel und schließt ihn wieder. Was soll er ihr sagen? Natürlich wagt er es nicht, Zilla die Wahrheit zu offenbaren. Unmöglich kann er ihr erzählen, dass er hierherkommt, um seine Lieder zu singen. Lieber erfindet Zio eine Ausrede.

»Ich mache manchmal Erkundungsflüge, um Gegenden kennenzulernen, die nicht zu unseren Revieren gehören.«

Zio lässt das ganz beiläufig klingen, als sei es das Normalste in der Zilpzalpwelt, so etwas zu tun, und beschließt, Zilla ebenso beiläufig die Frage zu stellen, die ihn seit Tagen beschäftigt.

»Und du? Was machst du hier?«

Zilla antwortet nicht gleich. Sie schaut Zio von der Seite an, denkt einen Moment nach und scheint dann einen Entschluss zu fassen.

»Kannst du ein Geheimnis für dich behalten?«

Zio nickt. Mehr bekommt er in diesem Moment nicht zustande. Zilla möchte ein Geheimnis mit ihm teilen! Er ist so aufgeregt, dass er keinen Ton herausbekommt. Ihm schwellen schon ein wenig die Brustfedern vor Stolz, dass die schöne Zilla ausgerechnet ihn ins Vertrauen ziehen will.

»Und du verrätst es wirklich niemandem aus unserem Schwarm? Auch nicht deinen Freunden?«

»Natürlich nicht«, versichert Zio ihr ernst. »Du kannst dich auf mich verlassen. Ich werde nichts erzählen. Niemandem.«

Weil sie noch immer zögert, setzt er nach: »Auch Zett nicht.«

Natürlich kann Zio Geheimnisse für sich behalten. Vielleicht kann er Geheimnisse sogar besser für sich behalten als andere, schließlich hat er selbst eins. Aber davon will er ihr auch nicht gleich erzählen. Zilla wirft ihm noch einen prüfenden Blick zu, bevor sie ihn ins Vertrauen zieht.

»Es ist noch nicht lange her, da habe ich mich verflogen. Weißt du – und das darfst du wirklich niemandem verraten –, ich verfliege mich gelegentlich. Ich kann mich nicht so gut orientieren, meistens brauche ich jemanden, dem ich nachfliegen kann. Die Bäume sehen von oben alle gleich aus, und die Sträucher und die Blätter sind nicht zu unterscheiden, findest du nicht auch? Ich weiß wirklich nie, wo ich mich gerade befinde.«

Zio will schon widersprechen. Für ihn sehen jedes Blatt und jeder Zweig anders aus. Alles ist für Zio besonders. Allein die Düfte des Waldes weisen einem den Weg, sollte man einmal wirklich nicht wissen, wo man gerade ist. Aber weil er Zilla nicht unterbrechen will, behält er das für sich. Er möchte Zilla ausreden lassen, weil es ihn brennend interessiert, was für ein Geheimnis sie ihm verraten wird.

»Jedenfalls habe ich mich mal wieder verflogen und bin hier gelandet. Das ist ein schöner Platz, oder? Zumindest dachte ich das bis eben.«

Sie schüttelt sich, als der Schauder der Erinnerung an die ausgestandene Gefahr durch ihren Vogelkörper läuft.

»Das dachte ich auch«, stimmt Zio ihr zu und ermutigt sie weiterzuerzählen. Langsam fährt sie fort.

»Ich bade sehr gerne an einem sonnigen Tag im Staub, und bis vorhin dachte ich, dass hier neben dem Sonnenblumenfeld ein richtig guter Badeplatz ist. Du darfst bitte niemandem sagen, dass ich im Staub bade wie ein ordinärer Sperling. Zio, versprich es, es ist zu peinlich!«

»Ich verspreche es dir. Aber es ist doch gar nicht peinlich. Warum solltest du denn nicht im Staub baden?«

»Weil nur Sperlinge das tun!«

»Ist doch egal.«

Zilla schüttelt den Kopf.

»Ist es nicht. Als Zilpzalp muss man sich auch benehmen wie einer. Man badet in Wasser. Oder gar nicht.«

Verwundert schaut Zio sie an, doch Zilla ignoriert seinen Blick.

»Aber ich komme nicht nur wegen des Bades hierher. Denn einmal, es ist noch nicht lange her, habe ich hier plötzlich die schönsten Lieder gehört, die je ein Vogel gesungen hat. Unglaublich schöne Lieder! Und weil ich diese Musik wieder hören möchte, komme ich hierher. Hast du die Lieder auch gehört?«

Zio verneint. Er hat keine besonders schönen Lieder gehört. Das wäre ihm aufgefallen. Lieder interessieren ihn schließlich brennend. Es freut ihn sehr, dass es Zilla gefällt, Lieder zu hören, dass sie Musik mag. Vielleicht, er wagt es kaum zu denken, kann er ihr ja irgendwann einmal eines seiner Lieder vorsingen. Er erkundigt sich etwas genauer nach der Musik.

»Und was für ein Vogel war es, der diese Lieder gesungen hat?«

»Wenn ich das wüsste!«

Zilla legt ihren Kopf schief und denkt nach.

»Es war kein Rotkehlchen, das da sang, auch wenn es sehr klare Töne waren. Und eine Amsel war es auch nicht, obwohl auch einige Amseltöne dabei waren. Es klang fast wie eine Nachtigall, aber die Melodien waren noch schöner. Kannst du dir das vorstellen, Zio? Sie waren viel schöner als die einer Nachtigall.«

»Aber Nachtigallen singen nachts.«

Zilla nickt. Daran hat sie auch schon gedacht.

»Die Lieder waren einfach wunderschön. Ich habe sofort angefangen zu träumen.«

Zio kann es kaum fassen, dass er diese Musik verpasst hat, obwohl er so oft hier war. Zillas Beschreibung weckt seine Neugier.

»Und es war genau hier? Und um was ging es in den Liedern?«

»Das kann ich dir gar nicht genau sagen. Es ging um … nichts Besonderes eigentlich. Tautropfen. Bäume. Sonnenblumen. Völlig langweilig, wenn ich jetzt so recht darüber nachdenke. Was man eben so sieht, wenn man hier herumfliegt.«

Zio hört genauer hin, als Zilla das sagt. Das ist genau das, worüber er auch immer singt. Langweilig findet sie das also.

»Ich weiß gar nicht, warum es trotzdem immer so schön ist«, fährt sie nachdenklich fort. »Einmal ging es um das Korn, wie es duftet, daran kann ich mich erinnern. Wie warm die Sonnenstrahlen sind, so etwas in der Art. Ich bekomme es aber nicht mehr zusammen. Ich bin nicht so gut darin, mir etwas zu merken. Doch es war ein sehr schönes Lied. *Das* habe ich mir gemerkt!«

Zio wird beinahe schwindelig. Könnte Zilla damit sein Lied vom Sommer über dem Kornfeld meinen? Dem goldenen Kornfeld, das im warmen Duft der Sonnenstrahlen liegt. Könnte es sein, dass Zilla *sein* Lied gehört hat? Dass sie von ihm und seinem Gesang spricht? Die Töne, die sie beschreibt, ähneln seinem Lied schließlich sehr.

Schon öffnet er den Schnabel, um sie weiter auszufragen, doch dann sagt Zilla etwas, das ihn noch sicherer macht, dass sie von ihm und von seinen Liedern spricht. »Es gab sogar ein, zwei Zilpzalptöne darin. Richtig gut getroffen. Ich glaube, der Sänger kann mit den Stimmen aller Vogelarten singen.«

Jetzt ist sich Zio sicher, dass Zilla ihn meint, und er könnte platzen vor Freude. Doch im gleichen Moment fällt ihm ein, dass sie die Lieder auch langweilig fand. Das kann Zio nicht verstehen. Verwirrt versucht er, seine Gedanken zu sortieren: Zilla findet die Lieder langweilig, aber auch wunderschön. Sie hat das Wort *wunderschön* benutzt. Das hat er genau gehört! Aber kann er sich ihr deshalb anvertrauen? Ob er sie ebenfalls fragen soll, ob sie ein Geheimnis für sich behalten kann, um ihr dann zu erzählen, dass er der Sänger ist? Er, Zio?

Er stellt sich vor, wie verwundert sie ihn anschauen, wie begeistert sie ihm zuhören wird. Vor seinem inneren Auge sieht er alles schon vor sich. Sie wird ihn bitten, das Lied vom Kornfeld noch einmal für sie zu singen, und sie wird ihm mit Hingabe lauschen. Später kann er ihr dann noch erklären, warum es überhaupt nicht langweilig ist, von Blättern und Pflanzen zu singen. Er wird ihr zeigen, wie man Besonderheiten an jedem Baum und jedem Blatt erkennen kann, wenn man nur genau hinschaut. Und wie man dann ganz einfach seinen Weg finden kann. Glücklich schlägt sein Herz, als er sich dies alles vorstellt, und ein bisher ungekanntes Gefühl von Freude erfüllt ihn. Doch er beschließt, sich vorsichtig vorzutasten.

»Vielleicht war es ja ein … Zilpzalp, der hier gesungen hat?«

Zio bemüht sich, dabei möglichst unbekümmert zu klingen. Zilla hebt ihre schönen gelben Augenbrauen und schüttelt sehr bestimmt den Kopf. Ihre Antwort kommt prompt.

»Niemals. Das war kein Zilpzalp.«

»Warum bist du dir da so sicher?«

Zio ist verwundert.

»Na, welcher Zilpzalp würde denn so singen? Stell dir das doch einmal vor! Das passt doch überhaupt nicht zu uns!«

Fast klingt Zilla empört, als ob der Gedanke sie völlig entrüsten würde. Zio kann es kaum glauben, was Zilla da sagt. Aber, tönt es in ihm, aber, aber … will er widersprechen. Doch bevor er etwas sagen kann, schaut Zilla Zio unverwandt an.

»Ach, du hast doch auch mal so schrecklich viel gesungen!«

Es platzt förmlich aus ihr heraus.

»Das warst du doch, oder? Deshalb kannst du ja auch nicht so gut fliegen wie die anderen, weil du deine Zeit mit dem Unsinn vertan hast. Es ist gut, dass du damit aufgehört hast.«

Er hat seine Zeit vertan, und es ist gut, dass er mit dem Singen aufgehört hat? Hat sie nicht gerade gesagt, dass sie Lieder mag?

In Zios Kopf wirbeln die Gedanken durcheinander. Er weiß überhaupt nicht mehr, was er von Zillas Worten halten soll. Zio ist nun vollends verwirrt. Vorsichtig macht er noch einen Einwurf. »Ist es nicht egal, wer die Lieder singt, wenn sie schön sind?«

Zilla schüttelt nicht nur den Kopf, sondern ihr ganzes Gefieder, um ihre Abwehr zu verdeutlichen.

»Nein, Zio! Natürlich ist es nicht egal!«, widerspricht sie ihm vehement. »Es war schön zuzuhören, aber wenn es ein Zilpzalp gewesen wäre, hätte es mich erschreckt. Denn das gehört sich nicht. Zilp und Zalp und gut ist. Und trotzdem kann man sich ja an den Liedern von anderen erfreuen, findest du nicht?«

Zio nickt.

»Ich finde, man kann sich an allen Liedern erfreuen. Ganz egal, wer sie singt.«

»Du bist ein seltsamer Vogel, Zio. Aber ein netter. Du bist sogar viel netter, als ich dachte. Das werde ich dir nie vergessen, dass du mich heute gerettet hast.«

Als Zio das hört, beschließt er, jetzt besser nichts mehr zum Thema Singen zu sagen. Stattdessen beginnt er, sich vorzustellen, wie Zilla und er gleich zusammen zum Schwarm zurückkehren und wie er als Held gefeiert wird, weil er Zilla gerettet hat. Das ist eine sehr, sehr schöne Vorstellung. Er verspürt nicht nur Stolz, sondern auch eine kleine Genugtuung. Nicht Zett oder Zong haben Zilla gerettet, nein, das war er, Zio, dem niemand eine bedeutsame Leistung zutraut. Er streckt die Flügel ein wenig und fühlt sich schon größer als sonst, etwas besser. Heute werden die anderen bestimmt begreifen, dass er ein richtig guter Zilpzalp ist.

Sorgsam ordnet Zilla ihr Gefieder und trippelt ein wenig auf der Stelle.

»So, ich glaube, jetzt habe ich mich wieder erholt. Danke, Zio, ich sollte mich besser auf den Heimweg machen, bevor die anderen sich zu sehr sorgen.«

Sie breitet die Flügel aus, um an den Rand des Busches zu flattern, von wo sie ins Freie losfliegen kann. Zio macht sich ebenfalls abflugbereit, damit sie zusammen fliegen können, doch sie hält abrupt in der Bewegung inne und dreht sich zu ihm um.

»Zio, das was hier eben passiert ist, bleibt auch unser Geheimnis, versprochen?«

Vor lauter Enttäuschung dringt kein Ton aus Zios Kehle. Er fühlt sich plötzlich schwach. Seine Krallen umschließen den Zweig, auf dem er sitzt, und er konzentriert sich darauf, nur jetzt nicht hier vor Zilla vom Zweig zu fallen. Zio kann nur noch nicken. Stumm schaut er zu, wie Zilla davonfliegt. Auch das noch. Noch nicht einmal als Zillas Retter wird er gefeiert werden. Der nächste kleine Traum ist zerplatzt.

Erkenntnisse

Als Zio zurückkommt, sitzt Zack bereits auf Zios Platz in der Buche und wartet auf ihn. Er sieht bedrückt aus. Als Zio neben ihm landet, begrüßt er ihn erleichtert.

»Hallo, da bist du ja! Ich dachte schon, du kommst gar nicht mehr. Stell dir vor, Zio, ich hatte heute richtig Ärger.«

»Mit wem denn?«

»Mit Zong. Er findet, ich zwitschere zu viel, und er hat gesagt, es sei nervtötend, dass ich alles doppelt und dreifach sage. Und dass es ihn verrückt macht, wenn ich neben ihm her flattere. Weil ich nicht koordiniert fliege, hat er gesagt.«

»Ach Zack, hör doch nicht auf ihn!«

Zio versucht, Zack zu beruhigen, was ihm aber nicht gelingt.

»Von Eleganz ganz zu schweigen, hat er gesagt. Und dass er auf keinen Fall neben mir durch die Hundert Himmel fliegen will, weil ich zu zappelig bin und ihn verrückt mache. Und soll ich dir mal ein Geheimnis verraten? Das habe ich noch nie zuvor jemandem gesagt, auch Zett nicht. Ihm kann ich das wirklich nicht erzählen.«

Zio nickt. Natürlich kann Zack ihm alles sagen.

»Ich gebe mir große Mühe, ruhig zu fliegen, und ich gebe mir auch immer große Mühe, nicht so viel zu zwitschern.

Meine Mühe ist so groß wie der Wald. Oder vielleicht sogar so groß wie der Himmel. Aber Zong ist genervt von mir, und Zett ist genervt von mir, und keiner will neben mir fliegen. Weil ich so zappele und alles dreimal zwitschere. Alle sagen, sie werden schon vom Zuschauen so müde, dass sie aufpassen müssen, nicht vom Himmel zu fallen wie Steine. Aber wenn ich so fliegen würde, wie ich es am liebsten tun würde, weißt du, ohne die ganze große Mühe, die Mühe, die so groß ist wie der Himmel ...«

»... oder der Wald«, ergänzt Zio den Satz für Zack, der dreimal bekräftigend mit dem Kopf nickt.

»Genau, genau, genau! Wenn ich ohne diese große Mühe fliegen würde, dann wäre ich so zappelig, dass alle sofort wie Steine vom Himmel fallen würden, wenn sie mich sehen. Alle. Sofort. Plumps.«

Zack tut so, als wäre er ein Stein und lässt sich vom Ast fallen, sodass sich Zio erschrickt. Doch kurz vor dem Boden fängt sich Zack ab und flattert wieder nach oben.

»So würden alle fallen. Genau so. Zio, gehe ich dir auch auf die Nerven mit meinem Gezwitscher? Und sage ich wirklich alles dreimal?«

Zio schaut Zack an. Während er noch darüber nachdenkt, was er ihm am besten darauf antwortet, zwitschert Zack schon weiter.

»Oder würdest du neben mir fliegen auf dem Flug durch die Hundert Himmel, Zio? Ich mache mir solche Sorgen, dass ich es alleine nicht schaffe, weil sich niemand mit mir den Windschatten teilen will wegen meinem Gezappel.«

»Natürlich fliege ich mit dir, Zack. Und du gehst mir überhaupt nicht auf die Nerven. Du bist ruheloser als die anderen.

Zong ist nur neidisch, weil du mehr Energie hast als er und der ganze Schwarm.«

»Meinst du wirklich, die nehmen mich überhaupt mit auf den Weg durch die Hundert Himmel?«

»Aber natürlich, Zack! Warum sollten sie dich denn nicht mitnehmen?«

»Weil alle im Gleichklang mit den anderen fliegen müssen. Wie ein einziger Vogel müssen wir fliegen, hat der Älteste heute gesagt. Wie ein einziger *ruhiger* Vogel, alle zusammen. Nicht wie ein einziger *unruhiger* Vogel. Und zwitschern darf ich auch nicht, weil das zu viel Energie verbraucht, sagt er.«

Wie ein einziger Vogel. Alle zusammen. Wenn man den gleichen Flügelschlag finden muss und nicht zwitschern, geschweige denn singen darf, wie viel von sich selbst muss man aufgeben, um wie ein einziger Vogel zu fliegen?, fragt sich Zio.

Darf denn niemand so sein, wie er ist? Muss sich denn jeder an den Schwarm anpassen? Dabei hat er heute erfahren, dass möglicherweise jeder ein Geheimnis hat, das er den anderen verschweigt. Nicht nur er verbirgt vor seinem Schwarm, dass er viele Lieder singt. Auch Zilla gibt nicht zu, dass sie gerne im Staub badet wie ein Sperling, oder dass sie schnell die Orientierung verliert und sich im Wald verfliegt. Und sie traut sich genauso wenig, es irgendjemandem zu sagen, wie er. Selbst Zack hat das Gefühl, sich verstellen zu müssen. Weil er unter seinem Federkleid noch viel zappeliger und unruhiger ist, als man es von außen schon spüren kann. Wenn Zilla, Zack und auch er selbst etwas in sich tragen, was sie verbergen, wie geht es dann wohl den anderen Vögeln im Schwarm? Ob auch Zett ein Geheimnis hat? Ob alle Zilpzalpe Geheimnisse haben, die sie den anderen nicht offenbaren, um dazuzugehören und nicht aufzufallen?

Zios Sehnsucht zu zeigen, wer er wirklich ist, ist heute größer geworden. Denn Zilla konnte träumen, während er sang. Sie konnte träumen, *weil* er sang. Seine Lieder haben sie erreicht, auch wenn er ihr niemals gestehen kann, dass er der Sänger ist. Wie schade, denkt er, dass Regeln für uns alle so viel wichtiger sind als das Gefühl, das unsere Vogelherzen schlagen lässt. Dabei ist es doch genau das Herzensgefühl im Inneren, das wir immer mit uns herumtragen. Wie schade, denkt Zio.

Bedrückt sitzt Zio auf seiner Warte in der Buche. Heute Abend ist der Wald viel weniger schön als sonst. Das goldene Abendlicht bereitet ihm keine Freude, und auch der sanfte Wind, der durch die Blätter streift, macht ihn nicht glücklich. Nach diesem Tag ist er müde und verwirrt. Während er versucht, die Gedanken zu ordnen, die noch immer durch seinen Kopf schwirren, senkt sich die Nacht über den Wald, und mit ihr ertönen andere Geräusche. Hier raschelt das Laub, dort knackt ein Ästchen. Als der Ruf eines Käuzchens durch den Wald hallt, sucht Zio Schutz in einer Astgabel der alten Buche, um dort die Nacht zu verbringen. Er fühlt sich einsam, obwohl er weiß, dass der Wald von Vögeln wimmelt. Eigentlich, so denkt er, ist er überhaupt nicht allein. Er ist umgeben von Artgenossen. Überall im Wald leben Vögel. Sie sitzen auf Ästen, wo sie schlafen und ihre eigenen Träume träumen. Doch Zios Träume trennen ihn von allen anderen. Alles, was er kann, hat in der Welt seines Schwarmes keinen Wert. Ich bin wertlos, denkt Zio und sehnt sich nach einer Welt, die es nicht gibt.

Ein Lied von mir
Gäbe es eine Welt für mein Lied
gäbe es eine Welt für meine Stimme
gäbe es eine Welt für mich
ich würde singen Tag und Nacht

Je heißer der Sommer wird, um so seltener werden Zios Ausflüge an den Waldrand. Immer öfter bleibt er am Nachmittag in seiner Buche sitzen, wo er sich unter ihrem schattigen Blätterdach von den Tagesflügen erholt. Ein lauer Wind streicht durch das Buchenlaub, das im Laufe des Sommers noch dunkler und fester geworden ist. Da, wo der Wald etwas lichter ist, wachsen Beinwell und hohes Springkraut in dichten Büscheln. Zio freut sich, wenn er sieht, wie weit die Samen auseinanderspringen, wenn ein Tier oder ein Wind die prall gereiften Samenkapseln streift und sie mit einem kleinen Knall aufplatzen. Die Waldblumen des Sommers sind weniger bunt als die Frühlingsblumen. Die pinken Lichtnelken sind verschwunden, nur wenige Bibernellen und Nesseln oder unauffällige Schaumblüten gedeihen im Schatten der alten Bäume.

Zio schaut den Waldmäusen dabei zu, wie sie Samen sammeln, die sie auf dem Boden finden, oder wie sie behände an Stämmen aufwärts klettern, weil in der Höhe eine besonders vielversprechende Ausbeute auf sie wartet. Er sieht, wie die Eichhörnchen erste grüne Eicheln vergraben und frische Haselnüsse horten, um sie ebenfalls in Astlöchern und Erdhöhlen zu verstecken. Das wundert Zio.

»Was macht ihr da? Warum verbuddelt ihr euer Essen?«

Die Eichhörnchen halten kurz inne und schauen zu ihm auf.

»Das ist Vorratshaltung. Für den Winter. Man kann nicht früh genug damit anfangen.«

Zio will verstehen, was die Eichhörnchen machen, denn Zilpzalpe kennen keine Vorratshaltung, und vom Winter hat ihm auch noch niemand erzählt. Zilpzalpe fressen immer genau das, was ihnen vor den Schnabel kommt. Insekten lassen sich auch schlecht in Astlöchern stapeln, und die Samen und Kerne, welche die Vögel zwischendurch picken, sind immer reichlich vorhanden.

»Du kennst den Winter nicht!«, rufen die Eichhörnchen. »Dann gibt es hier gar nichts mehr. An verschneiten Tagen findest du keinen einzigen Krümel, dabei brauchst du im Winter doppelt so viel Nahrung wie im Sommer.«

Das Eichhörnchen sieht Zios fragenden Blick und erklärt dem Zilpzalp, dass es im Winter klirrend kalt ist.

»Was meinst du denn, warum ihr alle wegfliegt? Bei Kälte braucht man viel mehr Futter, um warm zu bleiben. Du benötigst Vorräte, um zu überleben.«

Dass es irgendwann einmal klirrend kalt ist, kann sich Zio gerade überhaupt nicht vorstellen. Zurzeit kühlt es selbst nachts im Wald kaum ab.

»Aber warum versteckst du deine Vorräte?«

»Na, was glaubst du denn? Andere Tiere haben auch Hunger. Wenn ich sie einfach hier ablege, sind sie morgen schon weg. Ihr Zilpzalpe habt wirklich keine Ahnung vom Winter!«

»Erzähl mir davon! Wie ist Winter?«

Zio ist nun neugierig geworden. Das Eichhörnchen denkt nach, aber ihm fällt nichts ein.

»Ach, was gibt es da schon zu erzählen … kalt ist es im Winter. Sehr kalt. Das ist alles, was es dazu zu sagen gibt.«

Eichhörnchen, das hat Zio schon bemerkt, sind vergessliche Tiere. Aber Zio will jetzt mehr vom Winter wissen. Wie sieht der Wald aus, fragt er das Eichhörnchen, und ob er sich so sehr verändert wie vom Frühling zum Sommer? Ob die Blätter noch dunkelgrüner werden oder andere Blumen blühen? Wie duftet der Winter?

»Ob andere Blumen blühen und die Blätter dunkelgrüner werden? Im Winter gibt es überhaupt keine Blätter mehr. Und Blumen? Du Spaßvogel, im Winter gibt es doch keine Blumen!«

Das Eichhörnchen lacht und verschwindet im Unterholz, um seine Wintervorräte in Sicherheit zu bringen. Richtig viel hat er über den Winter nicht in Erfahrung bringen können.

Zio blickt nach oben und betrachtet seine Buche. Er kann sich nicht vorstellen, wie sie aussieht, wenn sie keine Blätter mehr hat. Bestimmt wollte das Eichhörnchen ihn zum Narren halten. Bäume ohne Blätter. Die gibt es doch gar nicht.

Sehen lernen

Zio übt den schnellen Steigflug. Er hat nach dem Erlebnis mit Zilla und dem Rotmilan nun deutlich erkannt, warum es von Vorteil ist, ihn zu beherrschen. Auf und nieder. Auf und nieder. Zio ist davon ziemlich gelangweilt und muss sich immer wieder zusammenreißen, um weiterzumachen. Er weiß, dass er noch nicht gut genug ist. Ob Kurzstrecke oder Langstrecke, ob Tiefflug oder Hochflug. Die anderen Zilpzalpe seines Schwarmes sind in allem einfach besser als er. Ob er den Vorsprung, den sie durch das regelmäßige, tägliche Üben haben, jemals aufholen kann? Seufzend landet er wieder auf dem Boden, um es erneut zu probieren. Auf und nieder. Seine Flügel schmerzen schon von der Anstrengung, und er muss sich kurz ausruhen. Dabei fällt ihm auf, dass Zilla bestimmt schon zum vierten Mal an ihm vorbeifliegt. Als sie zum fünften Mal vorbeikommt, ruft er ihren Namen.

»Zilla, suchst du etwas?«

Sie sieht Zio im hohen Gras der Lichtung sitzen und lässt sich neben ihm nieder. Erleichtert schüttelt sie ihr Gefieder.

»Gut, dass du hier bist, Zio. Ich finde nicht zurück. Ich habe einen klitzekleinen Augenblick nicht aufgepasst und den Schwarm verloren. Kannst du mir sagen, wie ich zurückkomme?«

Zio nickt.

»Es ist ganz einfach. Du fliegst hier am Waldrand entlang, bis du dahin kommst, wo die Wilde Möhre blüht, und da schwenkst du nach …«

Doch bevor er ihr weiter erklären kann, wie sie fliegen muss, unterbricht Zilla seine Ausführungen.

»Zio, das nützt mir nichts, wenn du mir sagst, *wo die Wilde Möhre blüht*. Ich weiß nicht, wie sie aussieht, geschweige denn, wo sie steht. Wilde Möhre? Was ist das denn überhaupt, um Himmels willen?«

Zio schaut Zilla überrascht an.

»Du kennst die Stelle mit der Wilden Möhre nicht? Die riecht doch so gut, wenn man über sie hinwegfliegt, und sie hat diese hübschen hellen Blüten …«

Zilla schüttelt den Kopf.

»Woher soll ich denn wissen, wie die Wilde Möhre riecht?«

»Komm, ich zeige sie dir.«

Zio schlägt vor, dass sie zusammen hinfliegen. Aber Zilla schaut ihn flehentlich an.

»Flieg doch bitte einfach vor mir her, damit ich nach Hause komme.«

»Aber ich kann dir beibringen, auf was du achten musst, um den Weg immer alleine zu finden.«

»Das kann ich sowieso nicht.«

Zilla möchte es gar nicht versuchen. Zio jedoch lässt nicht locker.

»Das kannst du auch. Ich bringe es dir bei, komm.«

Damit hebt Zio die Flügel und fliegt los. Erst fliegen sie nebeneinander ein Stück am Waldrand entlang, bis sie zu der Stelle kommen, die Zio beschrieben hat. Die weißen Dolden der Wilden Möhre tanzen unter ihnen im Wind, und es duftet würzig.

»Schau nach unten, siehst du die vielen weißen Blüten? Riechst du, wie herrlich sie bis hierher duften?«

Zilla schaut nach unten und muss zugeben, dass die Pflanzen tatsächlich duften.

»Ich mache oft eine kleine Rast hier, denn in den Blüten findet man immer Nahrung. Sie locken mit der kleinen dunklen Blüte in der Mitte viele Insekten an, damit sie bestäubt werden. Die Insekten sehen den Punkt und denken, oh, da ist schon jemand in der Blüte, da muss es lecker sein und fliegen auch dahin - tja, auf so schönen Blütentellern bekommt man seine Beute selten serviert. Man muss nur ziemlich geschickt sein, um sie zu erwischen.«

Ungläubig schaut Zilla ihn an. Sie ist sich sicher, dass er das nur erfindet. Doch er lässt sich schon herabsinken, um es ihr zu zeigen. Zusammen tauchen Zilla und Zio nach unten, betrachten die Blüten von Nahem, und Zilla ist erstaunt, dass es tatsächlich eine dunkle Blüte in der Mitte gibt. Einmal pickt sie sogar nach ihr, weil sie diese mit einem Insekt verwechselt, und muss lachen. Sie stärken sich mit einem kleinen Imbiss, und dann zeigt Zio ihr, wie die verblühten Dolden aussehen. Wie kleine grüne und braune Körbchen sitzen sie auf den kräftigen Stängeln, und Zilla schaut zu, wie geschickt Zio mit dem Schnabel hineintaucht, um ihre Samen zu fressen.

»Schau, Zilla, die grünen Samen sind noch ganz frisch und weich und ein bisschen süß. Aber die braunen sind sehr knackig und würzig.«

Sie kosten die Samen, und Zio erklärt Zilla, wie sie den Weg zurück zum Schwarm findet.

»Als Erstes schaust du dich um. Was fällt dir auf?«

Suchend blickt sich Zilla um, aber sie bemerkt nichts Besonderes.

»Siehst du die große Eiche?«, versucht Zio ihr zu helfen. Als sie nickt, erklärt er ihr, dass sie an dieser Stelle nur die große Eiche entdecken und genau an ihr vorbeifliegen muss, direkt ins Waldesinnere. Zusammen fliegen sie an der Eiche vorbei, immer geradeaus, bis Zio die Quelle erreicht.

»Riechst du das Wasser?«

Zilla schnuppert.

»Jetzt, wo du es sagst, rieche ich es.«

»Gut, dann fliegst du hinab und trinkst etwas.«

Sie landen auf dem Boden, wo ein kleines Rinnsal über Steine fließt und das Erdreich ringsum etwas sumpfig ist. Hier ist es kühl und schattig.

»Wie schön es hier ist!«, ruft Zilla. »Aber das finde ich doch niemals wieder!«

»Doch, warte ab, ich zeige es dir.«

»Aber woher weißt du das bloß alles?«

Während sie auf den kühlen Steinen hocken und von dem Wasser trinken, das aus einer kleinen Waldquelle sprudelt, erklärt ihr Zio, dass man nur hinschauen muss. Doch Zilla schüttelt den Kopf. Sie hat noch niemals gesehen, dass hier eine kleine Quelle sprudelt.

»Das kommt davon, weil du nicht genau hinschaust.«

Zio taucht seinen Schnabel noch einmal in das frische Wasser.

»Wenn du den anderen hinterherfliegst und nur auf die Schwanzfedern des Vogels vor dir schaust, siehst du nicht, was es um dich herum Wundervolles zu entdecken gibt.«

»Aber wir müssen den Vordervögeln folgen können. Das ist wichtig für den großen Flug durch die Hundert Himmel und will gelernt sein. Du kannst es nämlich nicht besonders gut. Das habe ich schon bemerkt.«

Sie hat mich beobachtet, denkt Zio erfreut. Vielleicht bin ich ihr gar nicht so egal, wie sie immer tut?

»Dir wird es schwerfallen, deinem Vordervogel nachzufliegen. Wie ein einziger Vogel. Das sagt Zett übrigens auch.«

Zett. Natürlich. Die beiden haben über ihn geredet.

Sonst wüsste Zilla wahrscheinlich gar nicht, wie Zio fliegt. Zio ist Zilla völlig gleichgültig. Wie konnte er nur für einen Augenblick glauben, es wäre anders. Wahrscheinlich beobachten die beiden ihn gemeinsam, damit Zett sich vor Zilla damit brüsten kann, wie gut er selbst darin ist, sich dem Schwarm anzupassen, und wie miserabel Zio dabei abschneidet. Plötzlich mag Zio seinen Freund nicht mehr besonders gerne.

»Er macht sich solche Sorgen um dich.«

»Braucht er nicht«, erwidert Zio knapp. Zilla schaut ihn fragend an, weil ihr Gespräch plötzlich abbricht. Dann gibt er sich einen Ruck.

»Sich im Wald zurechtzufinden ist genauso wichtig. Man muss erkennen, wo man ist. Du solltest stets wissen, wo du dich befindest, um alleine wieder zurückzufinden. Du musst umherschauen. Weiterschauen, als nur bis zur Schwanzfeder deines Vordervogels. Es ist doch schade, all das hier zu verpassen, oder?«

»Es ist wirklich eine sehr schöne Wasserstelle.«

Das muss Zilla zugeben. Sie nickt und schaut Zio nachdenklich an, der nun verschmitzt den Kopf schief legt.

»Auch wenn du lieber im Staub badest …«

Jetzt muss Zilla lächeln.

»Danke, Zio, dass du es niemandem erzählt hast.«

»Das habe ich dir versprochen. Sollen wir weiterfliegen? Dann schau dich mal um, wo der Holunderbusch wächst, da geht es nun nämlich entlang.«

Sie überfliegen den Holunderbusch, und Zio beschreibt Zilla, auf was sie achten muss. Hinter dem Holunderbusch geht es vorbei an den Lärchen, dann durch die dunklen Fichten bis zu der Stelle mit dem schönen Sternenmoos. Danach geht es durch das lichte Birkenwäldchen, wo jetzt im Sommer wilde Heidelbeeren wachsen, bis zur großen Buche, in der Zio am liebsten sitzt. Zio lässt Zilla alle Stationen wiederholen und erklärt ihr, wie es von dort weitergeht.

»Und du meinst, jetzt finde ich den Weg?«

Zio nickt.

»Wenn du immer gut darauf achtest, wo du entlang fliegst und wie es dort aussieht, was da wächst und wie es riecht, dann kannst du alles einfach in umgekehrter Reihenfolge wieder zurückfliegen. Und bist immer auf dem richtigen Weg!«

Zilla muss lachen, als Zio ihr das sagt.

»Als ob ich Zeit hätte, mir das immer anzuschauen! Ich weiß auch nicht, ob ich mir das alles merken kann. Aber danke Zio, du hast mir wirklich schöne Stellen gezeigt.«

Damit flattert sie davon, und Zio schaut ihr nach.

Wie kann es sein, dass Zilla keine Zeit hat, sich den Wald anzuschauen, in dem sie leben. Sie hat keine Zeit innezuhalten. Aber genau das braucht man doch, denkt Zio. Man benötigt viel Zeit, um Augenblicke zu sammeln und dann den richtigen Weg erkennen zu können. Zio ahnt nicht, dass er bald selbst vor diese Aufgabe gestellt wird.

HERBST

Veränderung

Der Sommer schreitet voran, und ein Goldton mischt sich nach und nach in alle Farben hinein. Golden liegen die Kornfelder nun in der tiefer stehenden Sonne, golden wiegen sich die trockenen Gräser im Wind. Das Grün schimmert von Tag zu Tag in wärmeren Schattierungen, und an manchen Stellen verwandelt sich das tiefe Blattgrün in leuchtendes Blattgold.

Zio teilt seine Tage ein. Es gibt die Zeiten, in denen er trainiert und versucht, es seinem Schwarm gleichzutun. Er gibt sich große Mühe, genau so zu sein wie die anderen. Aber weil er anders ist als sie, muss er sich jeden Tag aufs Neue verstellen. Er tut so, als ob. Als ob er Freude am Training hätte, als ob es nichts Wichtigeres gäbe, als sich auf den großen Flug vorzubereiten, als ob es sein Ziel wäre, in seinem Schwarm aufzugehen, damit dieser fliegen kann wie ein einziger Vogel. Jeden Tag tut Zio so, als ob er der Zilpzalp wäre, den alle in ihm sehen wollen, und die Kluft zwischen seinem Innenleben und seinem Außenleben wird immer größer. Es ist anstrengend, sich den ganzen Tag lang zu verstellen. Er muss auf so vieles achten, damit er nicht dabei auffällt. Gleichzeitig kostet es ihn viel Kraft, seine eigenen, inneren Wünsche und Ziele zu unterdrücken. Wann immer er hört, wie Töne in ihm aufsteigen, muss er sie verklingen lassen, ohne ihnen nachzuspüren. Sie bleiben ungesungen, und Zio hofft, dass er sich an alle erinnern kann.

Bis der Teil des Tages beginnt, an dem er in Ruhe seine Welt beobachten kann, um Augenblicke zu sammeln, und sich die Zeit nimmt, die er für seine Betrachtungen braucht, ist er schon müde. Manchmal schläft er dabei ein. Dann ärgert sich Zio fürchterlich. Denn diese Zeit ist ihm viel wichtiger als die Momente, in denen er den anderen nacheifert, um alle Erwartungen an ihn zu erfüllen. Diese Zeit ist seine eigene Zeit. Die Zeit der Muße, in der alles, was er sieht, in ihm einen Widerhall findet, die Zeit, in der er seinen Tönen nachspürt, damit Lieder entstehen können.

In der kostbarsten Zeit des Tages ist Zio zunehmend erschöpft. Dass er dann noch den Weg zum Waldrand zurücklegen muss, um seine Lieder singen zu können, wo niemand ihn hört, strengt ihn zusätzlich an. Oft reicht seine Kraft dafür nicht aus. Zio hofft jeden Tag, dass er genug Augenblicke sammeln kann. Während er seine Flugübungen macht, wünscht er sich nichts sehnlicher, als dass dieses Eilen und Hasten bald ein Ende hat. Er träumt davon, Zeit zu haben für das, was ihn glücklich macht: das Singen seiner Lieder. Während die anderen Zilpzalpe ihr Glück genau darin zu finden scheinen, all das zu tun, was dem Schwarm gefällt, ist er oft traurig, dass es ihm nicht ebenso geht. Sein Leben könnte so viel einfacher sein, wenn er so wäre wie die anderen. Wenn Zio seine Freunde beobachtet, fällt ihm auf, wie viel leichter ihnen alles fällt.

Zack frohlockt, er strahlt und ist aufgeregt, wenn ihm etwas gut gelingt. Zett lässt es sich kaum anmerken, wie stolz er ist, wenn er immer wieder am besten abschneidet, aber

Zio weiß genau, dass es ihn glücklich macht. Er kennt seinen Freund schließlich gut. Zack und Zett sind glücklich, wenn sie das tun, was von ihnen erwartet wird, wenn sie die Ziele erreichen, die vom Schwarm vorgegeben werden. Sie strengen sich an, weil es sie froh macht, was sie tun.

Warum kann er kein Zilpzalp wie alle anderen sein?

Warum hat er nicht die gleichen Ziele wie alle anderen auch?

Warum kann er nicht glücklich sein wie sie?

Es könnte alles so einfach sein. Aber das ist es nicht. Es ist kein bisschen einfach.

Mit einem Mal wechselt das Wetter, und die Nächte werden kühler. Gleichzeitig scheint der gesamte Schwarm ruhiger zu werden. Die Zilpzalpe flattern weniger umher, die vielen Wettflüge werden seltener. Vielmehr konzentrieren sich alle nun darauf, Nahrung zu suchen und aufzunehmen und viel zu schlafen. Sie beginnen, Kräfte zu tanken für den großen Flug, der bald bevorsteht.

Dabei gibt es gerade jetzt so viel Neues zu entdecken. Während die anderen ruhiger werden, fliegt Zio neugierig durch den Wald und beobachtet die Veränderungen. Pilze wachsen aus dem Boden hervor und verströmen einen Duft, den Zio noch nie zuvor gerochen hat. Große Steinpilze, unter deren Schirmen man sitzen kann und sogar trocken bleibt, wenn es regnet. Kleine, würzige Pfifferlinge, die Zio sehr gut schmecken, andere, die so seltsam riechen, dass Zio lieber nicht davon probiert, obwohl die roten, weiß gepunkteten Kappen der Fliegenpilze ein hübscher Anblick sind. Die Bäume tragen ihre Früchte wie einen Schmuck, mit dem sie das Ende des Sommers einläuten und den Herbst begrüßen.

Wildpflaumen, die weich und süß von den Bäumen fallen, werden von Wespen heimgesucht und ziehen auch Würmer und andere Insekten an. Unter den wilden Pflaumenbäumen tummeln sich Vögel, weil sie reiche Futterstatt bieten. Eicheln sitzen fest und grün zwischen den Blättern, und die Haseln strecken ihre lila und braun gekleideten Hüllen der Sonne entgegen, damit die darin verborgenen Haselnüsse in der letzten Wärme reifen. In den Hecken leuchten feuerrote Hagebutten neben schwarzen Brombeeren, und Zio besingt all die Früchte des Waldes, die der Herbst ihm schenkt, er besingt die Pilze und den Nebel, der am Morgen über den Feldern liegt.

Lied von der Brombeere

Glänzend bei Tag
Glänzend bei Nacht
Locken schwarze Perlen
Süß im dornigen Gestrüpp

Eines Abends sitzt Zio in der Brombeerhecke und dichtet im Stillen sein Lied über die Beeren, die er am allerliebsten nascht, als er Vogelstimmen ganz nah neben sich hört. Er hält inne, um zu lauschen, und erkennt, dass es der älteste Zilpzalp ist, der sich mit seinem Freund Zett unterhält. Die beiden sind dabei so leise, dass Zio davon ausgeht, dass sie nicht gehört werden wollen. Es scheint um den großen Flug zu gehen, und darum, dass der Aufbruch kurz bevorsteht. Zio verharrt bewegungslos, verborgen in den Brombeerblättern des Dickichts, und spitzt seine Ohrenfedern, um nichts von dieser Unterhaltung zu verpassen.

»Du und Zong, ihr seid die besten Flieger unter den Vögeln, zusammen mit mir werdet ihr den Schwarm anführen. Wir werden uns abwechseln, um unsere Kräfte einzuteilen. Einer von uns leitet den Schwarm an und fliegt an der Spitze voraus. Einer muss am Ende die Nachzügler einsammeln, und einer kann sich im Windschatten der anderen ausruhen. Gewechselt wird immer dann, wenn die Ermüdung kommt. Bist du dazu bereit?«

Zio hört nicht, was Zett antwortet, aber er ist sich sicher, dass er dies bejaht. Zett ist gewiss stolz, dass er für diese wichtige Aufgabe ausgewählt wurde. Leise und eindringlich führt der älteste Zilpzalp seine Ausführungen fort.

»Du musst wissen, dass wir viele verlieren werden.

Trotzdem musst du stetig weiterfliegen und das Wohl des Schwarms im Blick behalten. Wenn du anfängst zu trauern, bist du verloren. Und der Schwarm mit dir. Auf dem Hinflug werden wir ein Viertel unserer Vögel verlieren, und auf dem Rückflug ein weiteres Viertel.«

Zio erschrickt, als er das hört. Das ist ja die Hälfte des ganzen Schwarms! Das bedeutet, dass nur jeder zweite Zilpzalp den Weg in den Wald zurückfinden wird. Das kann doch nicht sein? Als Zett spricht, kann Zio an seiner Stimme erkennen, dass es auch ihn bei dieser Vorstellung schaudert.

»Wir werden wirklich den halben Schwarm verlieren?«

Der alte Zilpzalp bejaht das.

»Die Hundert Himmel durchfliegen nur die besten. Der guten Hälfte wird es gelingen. Die andere Hälfte, all diejenigen, die nicht stark genug, nicht schnell genug und nicht geschickt genug sind oder einfach Pech haben, werden die Hundert Himmel nicht durchfliegen. Für sie ist es das bittere Ende. Und deshalb musst du stark sein und darfst dein Herz nicht an einzelne Zilpzalpe hängen, dein Herz muss dem ganzen Schwarm gehören. Und du musst dich darauf vorbereiten, dass deine Freunde es wahrscheinlich nicht schaffen werden.«

Zio erstarrt. Sein Herz, das eben noch so groß und weit war, dass der ganze Wald hineingepasst hatte, wird ganz eng. Ein Zittern läuft durch seinen kleinen Vogelkörper, als er weiter lauscht.

»Zio zum Beispiel hat nicht genug trainiert, er ist zu schwach. Außerdem ist er ein Träumer. Er wird vom ersten Raubvogel einfach vom Himmel gepflückt werden, während er irgendwelche Wolken beobachtet. Und selbst wenn er sich anstrengt und nicht träumt, wird er als Erster vor Erschöpfung vom Himmel fallen, weil er nicht genug Kraft hat. Träumer taugen nichts. Merk dir das.«

Laut und schmerzhaft pocht Zios Herz in seiner Brust, als er hört, wie der Schwarmälteste über ihn spricht. Es überrascht ihn nicht, dass man so über ihn denkt, er bekommt es ja täglich zu spüren, dass die anderen Zilpzalpe nichts von ihm halten. Aber es so deutlich ausgesprochen zu hören, erschüttert ihn.

Träumer taugen nichts.

»Aber wir können doch versuchen, ihm zu helfen. Man kann sich doch gegenseitig unterstützen. Ich kann ihn doch nicht einfach aufgeben.«

Es rührt Zio, dass Zett offensichtlich etwas an ihm liegt, und dass es deshalb doch eine Hoffnung für ihn gibt. Sein Freund möchte ihm helfen. Doch schon im nächsten Moment wird diese kleine Hoffnung zunichte gemacht.

»Du musst ihn aufgeben, Zett. Nur die Stärksten kommen durch die Hundert Himmel, und sie kommen nur durch, weil sie genau das akzeptieren. Du musst hart sein, um weiterzukommen. Mitleid hilft dir nicht bei dem großen Flug. Es schadet dir nur. «

Nach einem kurzen Moment der Stille spricht Zett weiter.

»Aber Zack ist doch so eifrig, der wird es doch schaffen?«

»Zack …«, überlegt der älteste Zilpzalp. »Bei Zack ist es eine reine Glückssache. Es kann gut ausgehen, es kann aber auch schlecht ausgehen. Zack kann sich nicht konzentrieren, er weiß nicht, auf was es ankommt, er wird sich zu schnell verausgaben, und das wird sein Verhängnis.«

Zio ist erschüttert. Zack und er werden es nicht schaffen. Wenn der alte Zilpzalp recht hat, werden sie beide sterben.

Wie traurig, dass ihr kurzes Leben schon bald beendet sein wird und sie die schöne Welt nicht mehr lange durchstreifen können. Die Brombeere, die ihn eben noch angelacht hat mit ihren schwarz glänzenden Perlen, will ihm nun auch nicht mehr schmecken. Tiefe Traurigkeit, dunkler als die Farbe der kleinen Frucht, erfüllt ihn.

Doch der alte Zilpzalp hat noch nicht zu Ende gesprochen.

»Meine Zeit ist bald um. Ich spüre es, dass ich den Wald nicht mehr wiedersehen werde. Ich möchte, dass du mein Nachfolger wirst. Du bist klug und bedacht, du kennst die Regeln und befolgst sie so zuverlässig wie kein anderer im Schwarm. Es ist an der Zeit, dass ich dir alle Legenden der Zilpzalpe vermittele, damit du sie weitergeben kannst an die kommenden Generationen. Bist du bereit?«

Weil Zio es nicht vermeiden kann, dass ihm ein tiefer Seufzer entfährt, schrecken die beiden aus ihrer Unterhaltung auf und fliegen davon, um ihr Gespräch woanders fortzusetzen. Zio ist wieder allein. Doch nichts ist wie vorher.

Er segelt herab in das Farndickicht, in dem er aufgewachsen ist, um für die Nacht Schutz zu suchen. Hier sieht es ganz anders aus, als zu der Zeit, da er es als Jungvogel verlassen hat. Auch wenn es nur wenige Monde her ist. Grün ragen Farnwedel aus dem Boden hervor, der durch die vertrockneten Wedel aus dem letzten Jahr besonders weich gepolstert ist. Zio schlägt einige Male kräftig mit den Flügeln, um sich für die kühle Nacht ein wenig tiefer einzugraben in das trockene Farnlaub. Tief saugt er den Duft ein, der ihn immer an das Nest erinnern wird, in dem er aufgewachsen ist. Da war er umsorgt von seiner Mutter und jedes Würmchen wert, das sie ihm zutrug. Jetzt ist das anders. Jetzt ist nur noch der etwas wert, der stark genug ist, den Flug zu überleben. Der sich an die Spitze setzen kann. Der alle Erwartungen erfüllt.

Lieder nützen keinem etwas. Sie sind wertlos.

Was bin ich für ein dummer Zilpzalp, sagt sich Zio traurig. Ich bin nichts wert. Das Einzige, was ich richtig gut kann, taugt überhaupt nichts. Lieder werden mein Leben nicht retten. Traurig schließt er die Augen und spürt, wie bei aller Dunkelheit, die sich in seiner kleinen Vogelseele ausgebreitet hat, in ihm ein Lied entsteht.

LIED VOM UN-SEIN

Meine un-gehörten Töne sind
meine un-gelebte Fülle sind
mein un-geteiltes Glück sind
meine un-gesungenen Lieder sind
alles, was ich bin.

Aufbruchstimmung

Als Erstes sammeln sich zwitschernd und aufgeregt die Rotkehlchen, um ihre große Reise anzutreten. Ohne ihre hellen Gesänge ist es im Wald plötzlich ruhiger. Fast täglich wird es noch ein wenig ruhiger. Denn Vogel um Vogel verlässt nun den Wald, um den ewigen Sommer im Süden zu suchen. Zio erfährt, dass manche Vogelfamilien nicht über das große Meer ziehen wie die Zilpzalpe, sondern nur ein Stück gen Süden fliegen. Die Reise ist dadurch kürzer und weniger anstrengend. Wenn es viele Vogelleben kostet, die Meere zu überqueren, überlegt Zio, warum bleiben wir dann nicht auch diesseits des großen Meeres?

»Weil es schon immer so ist.«

Das ist die Antwort, die Zio jedes Mal hört, wenn er die Frage stellt. Er fragt Zack und Zett, und er stellt sie auch dem schwarmältesten Vogel.

»Weil es die Tradition der Zilpzalpe verlangt, durch die Hundert Himmel übers Meer zu ziehen. Alle vor uns haben es bereits genauso gemacht, und alle nach uns werden das ebenso tun. Das ist die Weisheit der Ahnen und die überlieferte Legende, der wir folgen. Die wird nicht verändert.«

Er denkt kurz nach, dann wendet er sich wieder an Zio.

»Höre doch einmal selbst, wie es klingen würde, wenn wir

sagen, wir fliegen durch Vierunddreißig Himmel in den Süden! Unwürdig würde es klingen, da gibst du mir hoffentlich recht.«

Er schaut Zio fragend an, der nickt, weil es von ihm erwartet wird. Doch insgeheim denkt er, dass Vierunddreißig Himmel auch nach sehr viel klingen und nach einer ordentlichen Flugreise. Auch wenn er zugeben muss, dass die Zahl sich unvollkommener anhört als die satte, runde Hundert, mit der er aufgewachsen ist. Wenn aber mehr Zilpzalpe den Flug durch Vierunddreißig Himmel überleben und auch dort genug Futter zu finden ist? Dann klingt die Zahl doch wesentlich hoffnungsvoller und schöner als eine satte, runde Hundert? Zio überlegt, ob es wohl Sinn macht, den Ältesten danach zu fragen, da unterbricht dieser schon seine Gedanken.

»Ich gebe dir jetzt einen Rat, Zio. Willst du ihn hören?«

Zio nickt. Obwohl er nicht ganz sicher ist, ob er den Rat des Ältesten wirklich hören will. Denn bisher haben ihm seine Ratschläge wenig Freude gemacht. Aber weil es sich nicht gehört, sie abzulehnen, widerspricht er nicht.

»Hör auf, dir so viele unnütze Gedanken zu machen, Zio. Wenn du dich deinem Schwarm anpasst, wenn du das tust, was alle tun, und den alten Traditionen und Regeln folgst, dann wirst du es leichter haben. Auch der Flug wird leichter für dich sein. Und nun halte dich bereit, denn sobald der Wind dreht, werden wir mit ihm davonsegeln.«

Wieder nickt Zio, obwohl sein innerer Aufruhr groß ist. *Auch der Flug wird leichter für ihn sein?* Das ist doch eine Lüge, denkt Zio. Er hat doch genau gehört, wie der Älteste Zett gerade erst darauf vorbereitet hat, dass Zio auf dem Flug sicher sterben wird. Plötzlich glaubt er dem alten Zilpzalp nichts mehr. Wie soll er sich auf den Ältesten und seine Weisheit verlassen, wenn er jedem von ihnen etwas anderes erzählt?

Zio fragt nun alle Vögel im Wald, wohin sie fliegen, um zu überleben und dem Winter zu entkommen und erkennt, dass eine große Gruppe wie die Zilpzalpe auch durch die Hundert Himmel über das große Meer und die große Wüste fliegt. Er erfährt, dass es eine andere Gruppe von beträchtlicher Anzahl gibt, die das Meer nicht überfliegt und es genauso hält wie die Rotkehlchen. Sehr überrascht ist er, als er von den Meisen erfährt, dass sie gar nicht wegfliegen.

»Wir stellen uns im Winter um. Wenn es keine Würmer und Käfer mehr gibt, essen wir Nüsse und Körner. Das macht nicht so lange satt, gleichzeitig muss man viel mehr futtern, weil es so kalt ist und Nahrung uns warm hält. Aber es geht.«

»Ihr könnt den Winter im Wald überleben? Ich dachte, kleine Vögel können das nicht?«

»Meisen schon.«

Die Sperlinge, so findet Zio heraus, bleiben ebenfalls im Wald. Auch sie sagen, dass die Futtersuche oft beschwerlich ist, denn es ist kalt und die Raubvögel sind hungriger und gefährlicher als im Sommer.

»Es ist kein Spaß, aber wir können nicht anders. Wir sind nun mal keine Zugvögel. Wir bleiben im Wald, weil das alle Sperlinge vor uns so gemacht haben und alle nach uns es auch so tun werden.«

Das Gleiche erzählen ihm die Buchfinken, die Braunellen und die Wintergoldhähnchen. Auch sie bleiben das ganze Jahr über im Wald. Aber in einer Sache sind sich alle sehr einig: Einen Zilpzalp haben sie hier im Winter noch nie gesehen. Denn Zilpzalpe können die kalte Jahreszeit nicht überleben.

Zio erkundigt sich vorsichtig, ob sie sich sicher sind, wirklich noch niemals einen Zilpzalp im Winter gesehen zu haben. Die Antwort kommt prompt.

»Keinen einzigen. Weißt du das denn wirklich nicht? Es gibt Wintervögel, und es gibt Sommervögel. Zilpzalpe sind Sommervögel, wir dagegen sind Wintervögel. Wir können die Kälte und den Frost aushalten. Ihr nicht. Ein bisschen Ordnung muss schon sein.«

Die hübschen kleinen Braunellen nicken bekräftigend.

»Das ist alles so vorbestimmt. Das Futter reicht auch nicht für alle. Eine Ordnung muss es schon geben.«

Damit fliegen die Braunellen davon, und Zio sitzt und grübelt über das Gehörte.

Wenn er den Worten des alten Zilpzalps Glauben schenkt, dann wird er auf dem Flug durch die Hundert Himmel mit großer Sicherheit sterben. Sollte er trotzdem mitfliegen, nur, weil es alle anderen auch tun? Nur, weil es schon immer so ist?

Oder könnte er vielleicht auch hierbleiben?

Selbst wenn er den Winter nicht überlebt, weil Zilpzalpe Sommervögel sind und den Winter nicht aushalten können, so würde er sein Leben doch wenigstens in seinem Wald zu Ende bringen. Hier wird er seine Lieder singen können, bis es so weit ist. Es wäre wahrscheinlich ein sehr kurzes Glück, aber das größte, was er sich vorstellen kann.

Es ist ein wagemutiger Gedanke, der ihn mit großer Aufregung erfüllt. Zio würde ihn gerne mit jemandem besprechen. Aber mit wem? An Zett kann er sich nicht wenden, denn der ist völlig damit beschäftigt, alle Legenden auswendig zu lernen und zusammen mit Zilla kleine Ausflüge zu unternehmen. Zio würde niemals die richtigen Worte finden, mit denen er Zett seine Gedanken erklären könnte. Allein bei der Vorstellung bleiben ihm schon die Töne aus. Zett würde ihn nie verstehen.

Zilla kann er sich auch nicht anvertrauen. Sein Herz sinkt ein ganzes Stück tiefer, wenn er daran denkt, dass er Zilla nie wiedersehen wird. Aber dann seufzt er noch einmal schwer und sagt sich, dass es sich vielleicht kein bisschen besser anfühlen wird, sie jeden Tag zusammen mit Zett zu sehen. Ein klarer Abschied wäre nur folgerichtig.

Auch mit Zack kann er nicht reden, denn sein Freund brennt schon seit Tagen darauf, dass es endlich losgeht. Er kann es kaum erwarten, dass sie sich alle in die Lüfte schwingen, er ist so ungeduldig und voller Vorfreude. Er würde genauso wenig verstehen wie Zett, warum Zio überhaupt nur daran denken kann, bei diesem Spaß nicht mitzumachen. Dabei würde er ihn am liebsten bitten, auch zu bleiben. Wenn der Älteste nun recht hat mit seiner Vermutung, dass Zack es ebenfalls nicht schaffen wird? Zio darf ihm nichts davon erzählen. Er weiß, wie Zweifel einen Vogel schwächen können. Wenn Zack es schaffen kann, dann vor allem deshalb, weil er so ist, wie er ist. Weil er weder zweifelt noch hadert, und weil er sich nicht all die unnützen Gedanken macht, die in Zios Kopf hin und her flattern. Nein, Zack wird er damit nicht belasten. Was soll er bloß tun? Zio ist so verzweifelt, dass ihm nicht ein einziger Ton einfällt, den er singen könnte. Kein Ton, an dem er sich festhalten könnte. Keiner, der ihm sagt, wer er ist und was er tun soll. Welcher Weg ist für ihn der richtige?

Entscheidung

Wie ein Lauffeuer verbreitet sich die Nachricht im Wald: Der Wind hat gedreht. Alle Zilpzalpe sind mit einem Mal von einer großen Unruhe erfasst, fragen sich, ob das nun der Moment ist, auf den sie alle gewartet haben. Irgendwann hören sie den Ruf des Ältesten und wissen, der Zeitpunkt ist gekommen. Der Aufbruch steht nun unmittelbar bevor.

Aufgeregt flattert Zack von Baum zu Baum.

»Es geht los! Es geht los!«

Er kann kaum an sich halten vor Freude, und Zios Herz wird noch schwerer. Was soll er bloß tun? Zusammen mit den anderen findet er sich am Waldrand ein, von wo der Flug durch die Hundert Himmel beginnen wird.

Alle sind da. Alle. Die jungen Vögel, die älteren Zilpzalpe und die Ältesten. Der ganze Schwarm ist versammelt, und alle sind in Hochstimmung. Sie können es kaum erwarten, endlich loszufliegen.

»Alles klar, ihr zwei? Fliegt ihr mit mir?«

Zett flattert zu Zack und Zio, die nebeneinander auf einem Ast sitzen, um der Rede des ältesten Zilpzalps zu lauschen. Zack bejaht begeistert. Zio dagegen kann nicht antworten. Er muss sich jetzt entscheiden. Das weiß er. Jetzt. Er bemerkt Zetts besorgten Blick. Er bemerkt auch, dass Zilla erwartungsvoll zu Zett schaut. Natürlich will auch sie an der Seite von Zett fliegen. Zilla, Zack und Zett. Kann er diese drei wirklich davonziehen lassen und ganz alleine zurückbleiben? Vielleicht sollte er doch besser bis zum letzten Moment seines Lebens in ihrer Nähe bleiben. Zios Grübeln wird von der Stimme des ältesten Zilpzalps unterbrochen, der beginnt, seine große Abflugsrede zu halten.

»Nur die Zilpzalpe, deren Flügel so stark sind, dass sie über allen Wäldern und Feldern schweben, die durch Wolken tauchen und Berggipfel überfliegen, die auch in der Nacht nicht müde werden, wenn wir die Meere überqueren, und die selbst in größter Erschöpfung noch den Raubvögeln ausweichen, die uns verfolgen: Nur diese Vögel werden in dem Land ankommen, das der Sonne näher ist als unser Wald.«

Als Zio das hört, ist er sicher, dass er lieber bleiben wird. Doch der Alte spricht weiter.

»Nur diese Zilzalpe werden es schaffen, dem Winter zu entfliehen, der hier unseren sicheren Tod bedeutet. Denn den Winter hat noch kein Zilpzalp überlebt. Den Flug jedoch überlebt die Hälfte von uns. Genau die Hälfte, die besonders gut trainiert hat. Diese Zilpzalpe schaffen es auch wieder zurück in unseren Wald. Denn wenn der Winter vorbei ist, können wir mit dem Frühling wieder hier einziehen. Und deshalb schwingen wir uns jetzt in die Lüfte. Alle zusammen! Deshalb fliegen wir jetzt wie ein einziger Vogel zusammen durch die hundert Himmel in den ewigen Sommer! Seid ihr alle bereit?«

Ein Flattern, ein Zwitschern, ein Rauschen vieler Flügel, und dazwischen sitzt Zio und kämpft mit sich. Was soll er bloß tun? Als Zack und Zett sich nach ihm umschauen, sitzt er noch immer wie erstarrt auf seinem Ast und kann kaum denken, so laut klopft sein Herz und so tief ist seine Verzweiflung. Wie soll er sich bloß entscheiden? Kann er das aushalten, seine Lieben davonfliegen zu sehen? Es schnürt ihm die Kehle zu.

Zett und Zack schauen sich verwundert an, als sie bemerken, dass Zio sich nicht vom Fleck bewegt. Sie machen kehrt und fliegen zu ihrem Freund zurück. Es bricht Zio fast das Herz, ihre Fürsorge zu spüren. Keiner aus dem Schwarm hat bisher bemerkt, dass er sich nicht gerührt hat. Er könnte jetzt einfach sein Gefieder schütteln und mitfliegen. Noch ist alles möglich. Aber er ist wie gelähmt. Seine Flügel versagen ihm den Dienst.

Als seine Freunde sich neben ihn setzen und ihn fragend anschauen, spürt er plötzlich, dass seine reglosen Flügel schon wissen, was zu tun ist. Bevor die Entscheidung in seinem Kopf angekommen ist, haben die Flügel sie schon getroffen. Sie wollen sich nicht rühren. Der Körper ist manchmal weiser als der Kopf, denkt Zio und beschließt, seinen Flügeln zu vertrauen. Jetzt ist der Augenblick gekommen, in dem er etwas sagen wird, was noch kein Zilpzalp vor ihm gesagt hat. Seine Kehle ist wie zugeschnürt, und er hofft, dass seine Stimme ihm gehorcht. Er muss jetzt sprechen, jetzt, und er nimmt all seinen Mut zusammen.

»Zack, Zett, ich komme nicht mit. Ich bleibe hier.«

Ungläubig starren beide Zio an. Bevor sie ihm widersprechen können, fährt er fort und versucht dabei, so sicher und bestimmt zu klingen, wie es ihm nur möglich ist.

»Ich bin nicht der beste Flieger, das ist kein Geheimnis, ich wäre einer der Ersten, der vor Erschöpfung vom Himmel fällt wie ein Stein. Zett, ich habe gehört, wie unser Ältester über mich gesprochen hat. Auch er glaubt nicht, dass ich es schaffe.«

»Das hast du gehört?«

Zett schaut seinen Freund betroffen an, und Zio nickt.

»Ich saß nur wenige Zweige entfernt hinter großen Blättern. Ich wollte euch nicht belauschen, aber es war unmöglich wegzuhören. Und er hat recht. Und ihr wisst es auch, dass er recht hat.«

Zio kann sehen, wie Zett versucht, sich an das ganze Gespräch zu erinnern, und ihn plötzlich erschrocken anschaut. Er weiß genau, was Zett nun denkt. Er befürchtet, Zio könnte erzählen, was er noch gehört hat, nämlich dass der Älteste glaubt, dass auch Zack den Flug nicht schaffen wird. Zio schaut ihn traurig an und schüttelt unmerklich den Kopf. Natürlich wird er das vor Zack niemals sagen, stattdessen versucht er, seinen Freunden, vor allem aber sich selbst zu versichern, dass es besser so ist.

»Es ist einfacher für dich und für Zack, wenn ihr euch nicht um mich sorgen müsst. Es ist leichter für den ganzen Schwarm, wenn sich niemand um einen Nachzügler kümmern muss. Ich würde euch nur belasten. Und ich habe bestimmt viele schöne Tage hier in unserem Wald. Macht euch keine Sorgen um mich.«

Zack reißt ungläubig die Augen auf, als er nach und nach versteht, was das bedeutet. Er öffnet den Schnabel, um lautstark zu widersprechen, das wird er nicht zulassen, niemals! Zio muss mitkommen. Sonst bleibt Zack ebenfalls hier.

»Ich lasse meinen besten Freund nicht alleine! Niemals. Dann bleibe ich auch hier.«

Zio bemerkt die Unruhe des Schwarms, der auf einen sei-

ner Anführer wartet. Die Zilpzalpe wollen, dass es losgeht, und schauen immer wieder zu ihnen herüber. Schließlich hat der Älteste zum Aufbruch gerufen. Zio darf den Zug jetzt nicht länger aufhalten und versucht, ihnen allen Mut zu machen.

»Flieg mit, Zack, flieg für mich, damit du mir im Frühling davon erzählen kannst, wenn du wiederkommst. Und ich erzähle euch dann vom Winter. Das wird spannend. Los jetzt, macht euch auf den Weg, fliegt los! Lebt wohl, liebe Freunde!«

Zack und Zett zögern. Doch die Unruhe des Schwarms wird größer, und Rufe schallen schon vermehrt zu ihnen herüber. Die beiden müssen jetzt losfliegen. Der bittere Augenblick des Abschieds ist gekommen.

»Wir sehen uns im Frühling!«

Alle drei wissen, dass es nicht stimmt. Sie wissen, dass ein Zilpzalp den Winter nicht überleben kann. Sie wissen genau, dass es ein Abschied für immer ist. Aber in diesem Augenblick trösten sie sich mit Hoffnung. Allein die Hoffnung ermöglicht es Zack und Zett davonzufliegen, allein die Hoffnung schenkt Zio die Kraft, als Einziger zurückzubleiben.

Zio schaut seinen Freunden hinterher, wie sie zu den anderen fliegen, wie sie aufgenommen werden in den Schwarm, der sich nun gemeinsam erhebt. Die Gemeinschaft, zu der er nie gehört hat. Ein Flattern, ein Rauschen, ein gewaltiger Flügelschlag. Wie ein einziger Vogel erheben sich die Zilpzalpe und steigen auf, um die Hundert Himmel zu durchfliegen. Erst kann Zio noch jeden Einzelnen von ihnen erkennen. Da ist Zack, der immer zu viel flattert und sich viel zu oft zu ihm umdreht, um zu schauen, ob er nicht doch nachkommt. Zett, der ruhig und sicher vorausfliegt, und die schöne Zilla ganz dicht hinter ihm.

Reglos bleibt Zio auf seinem Ast sitzen und schaut ihnen nach, bis sie nur noch Punkte am Himmel sind, die immer kleiner werden, bis Zio sie kaum noch sehen kann. Als selbst diese Punkte verschwunden sind, bleibt er noch immer reglos sitzen und schaut in den Himmel, in dem sie eben noch zu sehen waren. Die Punkte, die seine Lieben waren. Jetzt ist diese Erinnerung an die kleinen Punkte alles, was ihm von seinem Schwarm geblieben ist. Zio ist jetzt allein.

Allein

Der Wind, der vom Norden gen Süden weht und auf dem der Schwarm losgesegelt ist, hat anderes Wetter gebracht. Kaum sind die Vögel aufgebrochen, verändert sich alles. Es ist kalt geworden. Zio sitzt fröstelnd in seiner Buche und vermisst seinen Schwarm. Er vermisst Zetts Besserwisserei und Zacks quirlige Art, er vermisst Zillas Schönheit, er vermisst sogar Zong, obwohl er ihn nie dabeihaben wollte. Zio plustert die Federn, um sich zu wärmen, und sucht sich eine geschützte Stelle, wo der Wind nicht zu sehr weht.

Doch der Wind scheint ständig zu drehen, mal kommt er von hinten, mal weht er ihn von der Seite an. Jede geschützte Stelle, die Zio findet, wird schon im nächsten Moment von schneidenden Winden aus einer anderen Richtung durchpustet.

Sturm kommt auf und zerrt an Blättern, schüttelt die Zweige. Zunehmend wird er stärker und biegt sogar die Äste, ja, ganze Bäume beginnen sich um Zios Buche herum im ersten Herbststurm zu beugen. Er bekommt Angst. Immer neue Astgabeln, die erst Sicherheit zu bieten schienen, werden zu Windfallen, wo es ihn beinahe vom Baum weht und er die Kontrolle über seine Flügel verliert. So schnell ist der Sturm aufgezogen, dass es ihm nicht mehr gelingt, ins Unterholz zu fliehen, wo er sich im Farndickicht sicherer fühlen würde. Mit aller Kraft klammert er sich an einen schwankenden Zweig, presst seine Flügel an den Körper, damit sie dem Wind keine Angriffsfläche bieten, und hofft, dass er sich legt und er sich noch so lange festhalten kann, bis der Sturm vorüber ist. Ein Sausen und Tosen fährt durch seine Buche, er hört ein Krachen und das Geräusch von splitterndem Holz und kauert sich so klein zusammen, wie er nur kann.

Als der Sturm kurz Atem zu holen scheint, wagt Zio es erst nicht, sich von der Stelle zu bewegen. Doch als er sieht, dass andere Vögel Futter suchen, beschließt er, es ihnen gleichzutun. Wer sich gegen den Wind stemmen muss, muss gut für sich sorgen, um bei Kräften zu bleiben.

Nachdem Zio sich gestärkt hat, entdeckt er beim Anflug auf seine Warte in der Buche, was das laute Krachen verursacht hat. Ein ganzer Ast des alten Baumes ist abgebrochen. Als er sich nähert, entdeckt er im Baumstamm ein tiefes Astloch, das hinter dem abgebrochenen Holz verborgen lag. Vorsichtig fliegt er an den Rand der Öffnung, hinter der sich ein großer Hohlraum auftut. Zio schaut hinein, ob die Höhle bereits bewohnt ist. Er riecht nur Holz und altes Laub. Weil nichts darauf hindeutet, dass ein anderes Tier sie besetzt, schlüpft er vorsichtig hinein, um sie zu erkunden. Die Höhle ist so tief, dass Zio sich komplett darin verbergen kann. Er frohlockt. Er hat in seiner Buche eine Höhle gefunden, in der er Schutz findet, wenn der nächste Sturm durch den Wald tobt. Ein freudiger Laut entfährt ihm. Überrascht hält Zio inne. Der Laut hallt in seinem Ohr nach. Er singt einen weiteren Ton. Und noch einen. Wieder ist der Klang wunderbar. Die Baumhöhle bietet ihm nicht nur Schutz, sie bietet ihm auch einen wunderbaren Klangraum für seinen Gesang.

Erst jetzt fällt ihm auf, dass er noch keine Lieder gesungen hat, seit er allein im Wald zurückgeblieben ist. Viel zu schwer war sein Gemüt. Das unbeständige, windige Wetter hat ihn zudem aus der Bahn geworfen. Aber hier kann Zio sogar bei stärkstem Wind singen. Als Erstes singt er dem Sturm ein Lied.

Das Lied klingt herrlich hier. Diese reine Klanghöhle ist der beste Ort für ihn und seine Lieder. Zio ist dem Sturm dankbar, dass er ihn hierhergeführt hat. Vielleicht hätte er die Höhle sonst nie entdeckt. Vielleicht hätte er noch lange Zeit nicht an seine Lieder gedacht. Vielleicht hätte er sogar vergessen zu singen.

LIED VOM STURM
Gefieder hat der Wind verzerrt
gerauft Wald, Blatt und Baum
hat Sorgen verweht und aus Federn befreit:
meinen heimlichen Traum

Zio singt. Er singt den ganzen Tag. Er ist immer noch allein, aber jetzt ist er glücklich, allein zu sein. Die Einsamkeit hat sich verflüchtigt, und das Alleinsein beginnt ihm zu gefallen. Jetzt, da niemand hier ist, der ihn maßregelt und ihm sagt, wie er zu sein hat, fällt ihm ein Lied nach dem anderen ein. Jetzt, da er singen kann, so viel er will, perlen die Lieder frei aus seiner Kehle.

Zio besingt die grünen Eicheln und die Kastanien in ihren stacheligen Hüllen. Er besingt die langen Schatten, welche die tief stehende Sonne wirft, und hat jetzt endlich genug Zeit, alles in Ruhe zu betrachten. Niemand treibt ihn an, ermahnt ihn zu Eile oder macht ihm Vorwürfe, dass er zu viel träumt und zu wenig trainiert.

Erst jetzt bemerkt Zio, wie leicht sein Leben sein kann, wenn er sich nicht immerzu verstellen muss. Er erkennt, wie kraftraubend es stattdessen ist, stets so zu tun, als wäre er jemand anders, als wäre er genau der gute Zilpzalp, den jeder in ihm sehen wollte. Der nichts lieber mag, als fleißig zu üben und das Pensum zu erfüllen, das der Schwarm ihm vorgegeben hat. Nun muss er sich weder vergleichen noch Wettbewerbe bestehen. Nun kann er seinen Tag so verbringen, wie es ihm gefällt. Was für eine ungeahnte Freiheit im Alleinsein liegt!

Plötzlich fühlt sich Zio nicht mehr wie ein sonderbarer Vogel, sondern ganz und gar richtig, so wie er ist. Er ist eins mit sich. Er ist genau der Zilpzalp, der schon immer in ihm steckte und der er gerne sein möchte. Er ist Zio, der Sänger.

Den Tag beginnt er mit einem ausgiebigen Frühstück im Moos, das zwar keine Sternenblüten mehr trägt, aber noch immer von Insekten wimmelt, sodass er ohne Anstrengung satt wird. Danach unternimmt er einen Morgenflug und fliegt an den Waldrand, wo die Sonnenblumen und das Korn schon geerntet wurden. Doch zwischen den Stoppeln und dem Stroh findet er so viele Körner, dass er sich keine Sorgen macht, irgendwann Hunger leiden zu müssen. Es gibt so viel Nahrung! Und es gibt so viel zu sehen. Beides nährt ihn gleichermaßen. Das Essen nährt seinen Körper, und die Augenblicke, die er sammelt, nähren seine Seele.

Über den klaren herbstlichen Himmel jagen die Wolken in Fetzen dahin, und Zio fragt sich, warum ihm der Himmel so viel höher erscheint als noch vor wenigen Wochen, als die Schwüle des Sommers den Himmel schwer und tief werden ließ.

Eines Tages hört er Rufe über dem Wald und schaut nach oben. Kraniche fliegen in einer großen Formation, alle fliegen zusammen, jeder Vogel hat seinen Platz. Von Norden kommend, ziehen sie über seinen Wald hinweg weiter gen Süden. Ihre Rufe wecken plötzlich eine Sehnsucht in ihm, die sich in seine Lieder hineinstiehlt. Zio denkt an seinen Schwarm. Wie es ihm wohl ergeht, und wie es wäre, jetzt mit ihnen zusammen durch die Hundert Himmel zu fliegen? Zio kann den Blick nicht von den Kranichen lösen. Groß und stark fliegen sie gleichmäßig in sehr hoher Höhe, und fast beneidet er sie in diesem Augenblick. Doch dann beobachtet Zio, wie einer der letzten Kraniche immer weiter zurückbleibt, bis er der allerletzte in der Kette ist. Wie er dann noch weiter zurückbleibt, bis es so aussieht, als ob er den Abstand zwischen sich und seinem Schwarm nicht mehr aufholen kann. Zio weiß genau, wie sich dieser Kranich jetzt fühlen muss. Er spürt den Kummer und die Erschöpfung, seine Angst, es nicht zu schaffen und nie mehr aufholen zu können, den Anschluss nicht mehr zu finden und niemals richtig zu seinem Schwarm zu gehören. Genauso würde es Zio auch gehen, wenn er mit den anderen aufgebrochen wäre. Wenn auch die Sehnsucht nach seinen Freunden mit dieser Einsicht nicht vergeht, so weiß er doch, dass hier im Wald in diesem Augenblick der bessere Platz für ihn ist. Obwohl er der einzige Zilpzalp im ganzen Wald ist und sich oft alleine fühlt, weiß Zio, dass er in der Gemeinschaft des Schwarms viel einsamer war. Der Kranich fliegt weiter, wird immer kleiner, während der Abstand zu seinem Schwarm immer weiter wächst, bis er schließlich ganz in der Ferne verschwindet.

Erstaunt stellt Zio fest, dass die Blätter an den Bäumen zunehmend ihre Farbe verändern. Das Laub der Kastanien wird gelb, die Blätter des Feuerahorns beginnen, in roten und orangen Flammen zu glühen. Die Eiche trägt einen goldenen Schimmer, und die grünen Blätter seiner Buche verwandeln sich in ein helles Braun. Wenn Zio auf seiner Warte sitzt und die Welt betrachtet, dann sitzt er jetzt in einer Kuppel aus warmen Tönen, die zu leuchten beginnt, wenn die Sonne durch die Blätter flirrt. Das Leben im herbstlichen Wald ist so schön. Er wünschte, er könnte Zack davon erzählen, dass man gar nicht wegziehen muss, sondern genauso gut hier bleiben kann. Er hofft, dass es seinem zappeligen Freund gut geht.

Als sich die Rotmilane am Himmel über dem Wald sammeln, um davonzuziehen, gibt es einen Feind weniger, vor dem Zio sich in Acht nehmen muss. Seit ein Rotmilan Zilla beinahe getötet hätte und er ihn ganz nah vor sich gesehen hat, jagen die großen Vögel ihm besonders viel Angst ein. Ob die Rotmilane dorthin ziehen, wohin auch die Zilpzalpe fliegen? Er hofft, sie fliegen ganz woanders hin, damit sein Schwarm sicher ist, damit Zilla diesen Schreck nicht noch einmal erleben muss, vor allem jetzt, da er nicht dabei ist, um sie zu beschützen. Zio hofft inständig, dass es allen gut geht. Zilla, Zack, Zett. Er hofft sogar, dass es Zong gut geht und wünscht sich mit der ganzen Kraft seines Vogelherzens, dass alle gut in ihrem Winterquartier ankommen werden. Wenn die Nebel sich über den Wald senken und alles Vertraute hinter dichten, feuchten Schleiern verschwindet, hat Zio Sehnsucht nach seinen Freunden. Das Lied, das er über den Nebel singt, lenkt ihn nur kurz ab. An kalten Nebeltagen fühlt er sich besonders einsam.

WINTER

Stürme

Es ist noch kälter geworden. Zio sitzt in seiner Baumhöhle und plustert sein Gefieder, um sich warm zu halten. Draußen tobt seit Tagen ein Sturm. Am ersten Tag, als der Regen draußen gegen den Baum peitschte und der Wind an seinem Höhleneingang vorbeipfiff, fühlte er sich noch wohl, geschützt und heimelig in seiner Baumhöhle. Doch die Flüge, die er zur Futtersuche unternehmen muss, sind mühsam. Bei Wind und Regen fliegt es sich schwer, und Zio versucht, die Wege kurz zu halten. Aber sein Hunger wird mit den sinkenden Temperaturen größer. Er muss mehr Nahrung aufnehmen, damit seine Körpertemperatur nicht abfällt. Die Tage des Sturms sind anstrengend für kleine Vögel wie Zilpzalpe, die starken Winden wenig entgegensetzen können und wie ein Spielball hin und her geschleudert werden, wenn sie dem Wind mit ihren Flügeln zu viel Angriffsfläche bieten. Den anderen kleineren Waldvögeln geht es wie ihm. Die Sperlinge, Finken und Meisen versuchen, in der Nähe ihr Futter zu finden, um nicht weit fliegen zu müssen. Oft muss Zio sich jetzt gegen sie behaupten. Plötzlich konkurrieren alle um die gleichen Futterquellen. Die anderen Vögel gehen wie selbstverständlich davon aus, dass ihnen mehr zusteht als ihm. Schließlich sind sie die angestammten Wintervögel. Der Zilpzalp ist für sie ein ungebetener Gast, der ihrer Meinung nach hier im winterlichen Wald nichts verloren hat. Zio versucht, ihnen so gut wie möglich aus dem Weg zu gehen, um keine Futterkämpfe zu provozieren, die unnötige Kraft kosten. Glücklicherweise wirft die Buche zahlreiche Bucheckern ab, die für alle Tiere in der Umgebung reichen. Die öligen Nüsse stillen den Hunger und nähren besser als andere Samen. Doch der Kampf um die kleinen Nüsse ist groß, denn jeder hat Angst, zu kurz zu kommen, neidet dem anderen das, was reichlich vorhanden ist, und versucht, sich den besten Vorteil zu verschaffen. Zio ist immer froh, wenn er die Futterstelle unter der Buche meiden kann, um etwas weiter weg nach Nahrung zu suchen. Inzwischen ist es schon Tage her, dass Zio zuletzt Insekten gefressen hat, die ihn viel länger sättigen als Bucheckern. Die Insekten scheinen komplett aus dem Wald verschwunden zu sein. Bis ins Sternenmoos an der anderen Seite des Birkenhains kann Zio nicht mehr regelmäßig fliegen, es ist vor allem während der starken, stürmischen Regenfälle zu weit entfernt von seiner Baumhöhle. Auch das Kornfeld am Waldrand hat er schon lange nicht mehr erreichen können. Es ist zu weit entfernt. Zio hat jetzt immer Hunger und ihm ist immer kalt. Seit Tagen ist sein Gefieder klamm, und er hofft, dass die Sonne bald wieder scheint, damit seine Federn trocknen können. Nichts wünscht er sich mehr als ein Bad in der Sonne.

Als Zio sich zur Futtersuche aus seiner Höhle wagt, fliegen plötzlich große Gebilde an ihm vorbei und erschrecken ihn. Er versucht, ihnen auszuweichen und duckt sich tief in das Waldgras hinein, damit sie ihn nicht treffen. Als eines dieser Gebilde neben ihm liegen bleibt, erkennt er, dass es ein

Blatt ist. Blätter, größer als er selbst, werden nun vom Wind durch den Wald geweht. Vor Kurzem noch hat der Wind an den Blättern an den Bäumen gezerrt, jetzt scheint er so stark zu sein, dass er sie von den Zweigen reißt. Zio schaut sich um. Alle Bäume verlieren Blatt um Blatt. Die Zweige werden kahler, und auf dem Waldboden bildet sich eine immer dichter werdende Laubschicht. Besorgt beobachtet Zio, wie auch seine Buche immer mehr Blätter loslässt, die im Wind davonwehen. Der Wald ist plötzlich kahl und bietet weniger Schutz als vorher. Raubvögel, die ihn überfliegen, haben nun einen freien Blick auf alles, was sich hier bewegt. Immer öfter beobachtet Zio, wie Habichte über den kahlen Wipfeln ihre Kreise ziehen. Noch trägt die Buche Blätter, unter denen er sich vor ihren scharfen Blicken verbergen kann. Doch wie lange kann der Baum sie noch festhalten, bevor sie davonfliegen wie alle anderen auch?

Auch das Dickicht am Boden wird trocken und fällt in sich zusammen. Füchse und Marder, die den Wald durchstreifen, können jetzt sehr gut erkennen, wo sich kleinere Tiere bewegen, und auch sie haben Hunger und müssen mehr erbeuten, um satt zu werden. Das Leben im Wald ist beschwerlich geworden. Ein täglicher Kampf ums Überleben hat begonnen. Zio ist froh, wenn er sich in seine Baumhöhle zurückziehen kann. Hier fühlt er sich geborgen.

Plötzlich taucht ein Vogelkopf am Eingang seiner Höhle auf, und Zio erschrickt. Instinktiv plustert er sich auf, um sich größer zu machen, und stößt laute Töne aus, um den unwillkommenen Besucher abzuschrecken. Mit spitzen, gellenden Rufen warnt Zio, dass er angreifen wird, sollte der Einbrecher nicht sofort verschwinden, und flattert wild mit den Flügeln. In seiner Baumhöhle hallt sein Geschrei sehr laut wider, und er hofft, dass er den fremden Vogel damit vertreiben kann. Zio weiß, dass er jetzt seinen Mut zusammennehmen und auf den Höhleneingang zufliegen muss, denn sollte der fremde Vogel in die Höhle eindringen, gäbe es kein Entkommen mehr. Es käme zu einem erbitterten Kampf. Laut schreiend flattert er auf den Höhleneingang zu, um den Eindringling zu vertreiben. Und es gelingt. Der Vogel flieht rasch.

Atemlos bleibt Zio nun im Eingang seiner Höhle sitzen, um sie zu bewachen. Diesen Unterschlupf, in dem er geschützt vor Regen und Wind verharren kann, darf er auf keinen Fall verlieren. Er ist noch sehr aufgeregt, und es dauert eine ganze Weile, bis er sich wieder beruhigt. Doch je länger Zio an seinem Höhleneingang sitzt, desto hungriger wird er. Er braucht dringend Futter. Gründlich schaut er sich um, ob der fremde Vogel noch in der Nähe ist. Weil er ihn nicht sieht, flattert er zunächst vorsichtig auf einen Ast, der sich gleich neben seinem Höhleneingang befindet. Nichts bewegt sich. Er wartet noch einen Moment ab und entfernt sich ein wenig weiter weg auf den nächsten Ast. Dort wartet er wieder ab, den Eingang zu seiner Höhle hat er fest im Blick. Gleichzeitig kann er die Umgebung beobachten, um sofort zu reagieren, falls der Vogel wiederkommt. Doch alles bleibt ruhig, er scheint den Vogel vertrieben zu haben. Da hatte er noch einmal Glück.

Weil er noch immer keine Bewegung erkennen kann, beschließt Zio loszufliegen, um nach Futter zu suchen. Doch genau in diesem Moment kehrt der Vogel zurück. Er scheint nur darauf gewartet zu haben. Kreischend schießt Zio auf ihn zu und erwischt ihn gerade noch, bevor er im Eingang seiner Baumhöhle verschwinden kann. Obwohl der Vogel überrascht ist, setzt er sich zur Wehr, und ein erbitterter Kampf um die Höhle beginnt. Die Schnäbel beider Vögel sind spitz, und Zio muss einige Hiebe einstecken, pickt aber auch selbst mit verzweifelter Kraft nach dem Konkurrenten, um sein Revier zu verteidigen. Es sind Zios gellende Schreie, die den Vogel letztlich in die Flucht schlagen. Erschöpft rettet sich der fremde Vogel auf einen Ast weit genug weg von Zios Baumhöhle und senkt den Kopf, um zu signalisieren, dass er aufgibt. Zio, der ebenso atemlos und erschöpft in seinem Höhleneingang sitzt, erkennt erst jetzt mit Erstaunen, dass es sich bei dem Vogel um ein Rotkehlchen handelt. Die Rotkehlchen sind doch schon lange weggeflogen, wundert er sich. Sie gehörten zu den ersten Zugvögeln, die den Wald verlassen haben auf dem Weg nach Süden. Neugierig beschließt Zio, das Rotkehlchen direkt anzusprechen.

»Was machst du hier? Warum bist du nicht im Süden, warum bist du ganz allein zurückgekehrt?«

Das Rotkehlchen schaut Zio fragend an.

»Ich bin gerade erst angekommen, das hier ist doch Süden. Wir kommen jeden Winter hierher, dieser Wald ist unser Winterquartier. Hier ist es wärmer als bei uns im Norden.«

Das wundert Zio.

»Unsere Rotkehlchen verlassen den Wald, um weiter nach Süden zu fliegen, und für euch ist das hier der Süden?«

Das Rotkehlchen bejaht das.

»Früher sind wir auch noch viel weiter in den Süden geflogen. Aber irgendwann haben wir gemerkt, dass wir auch hier gut überwintern können. Die wenigen Frosttage sind hart, aber die überstehen wir, und dafür müssen wir nicht mehr so weit ziehen.«

Neugierig betrachtet das Rotkehlchen nun seinerseits Zio.

»Und du? Du bist doch ein Zilpzalp, hier habe ich noch niemals einen einzigen deiner Art gesehen. Was machst du denn noch im Wald? Hast du den Abflug verpasst?«

»Ich habe beschlossen, dieses Jahr hier zu überwintern. Genauso wie ihr das auch macht.«

Zio sagt es so, als wäre es ein ganz einfacher Entschluss gewesen.

»Das hier ist aber mein Winterrevier«, sagt das Rotkehlchen und streckt selbstbewusst seine rote Brust heraus.

»Nein, hier ist mein Zuhause.«

Zio widerspricht dem Rotkehlchen mit Nachdruck.

»Meine Buche ist besetzt. Das ist meine Baumhöhle, hier sind meine Futterplätze. Du musst dir ein anderes Revier suchen.«

»Das kommt davon, wenn die Ordnung durcheinandergebracht wird«, schimpft das Rotkehlchen. »Das gehört sich nicht. Zilpzalpe haben im Wald im Winter nichts verloren. Ich bin jetzt hier, und ich brauche mein Revier.«

»Aber ich gehöre schon hierher. Und außerdem ist alles in bester Ordnung. Nichts ist durcheinander. Wir machen schließlich das Gleiche, oder etwa nicht? Ihr habt vor Kurzem beschlossen, nicht weiter in den Süden zu fliegen, und ich habe das auch beschlossen. Jetzt sind wir beide hier.«

Fast sieht es so aus, als wolle das Rotkehlchen Zio erneut angreifen. Jedenfalls hat es die demütige Haltung komplett aufgegeben und streckt Zio seine rote Brust herausfordernd entgegen. Aber Zio will nicht noch einmal kämpfen. Er ist müde und hungrig, und das Rotkehlchen ist auch erschöpft von seinem langen Flug. Warum sollen sie ihre Kräfte im Kampf verschwenden?

»Wir müssen uns einigen.«

»Aber wie?«

Das Rotkehlchen scheint diesem Vorschlag nicht abgeneigt zu sein, seine Haltung ist schon weniger kämpferisch. Wahrscheinlich ist es genauso erschöpft wie Zio.

»Übernimm du doch das Revier, das eins der Rotkehlchen aufgegeben hat, als es nach Süden gezogen ist«, schlägt Zio vor. »Es ist gleich hier drüben in der Eiche. Da wohnt sonst niemand.«

Das Rotkehlchen denkt einen Augenblick nach, dann lenkt es ein.

»Kann nicht so verkehrt sein, wenn es ein Artgenosse gewählt hat.«

»Es ist schön in der Eiche«, bestätigt Zio. »Wir können gute Nachbarn sein.«

Zio flattert mit ihm zur Eiche und zeigt ihm, wo die Rotkehlchen sich aufgehalten haben.

»Du bist ein Zilpzalp«, wundert sich das Rotkehlchen, »hast aber geschrien wie ein Habicht und eine Eule zusammen. Wieso bist du so laut wie ein riesiger Vogel?«

»Training«, sagt Zio. »Alles Training."

Später hört der Regen auf und Zio beschließt, zu seiner Futterstelle am Sternenmoos zu fliegen, in der Hoffnung, dort noch einige versteckte Insekten zu finden. Während er mit dem Schnabel das Moos durchsucht und tatsächlich fündig wird, denkt er, dass er gar kein Spinner ist. Er hat doch etwas sehr Nützliches trainiert. Wenn er nicht geklungen hätte wie ein großer Vogel, wäre das Rotkehlchen nicht erschrocken weggeflogen. Zio hätte seinen sicheren Unterschlupf und sein gewohntes Revier verloren. Es war seine laute Stimme, die das Rotkehlchen davon überzeugt hat aufzugeben.

Frost

Eines Morgens spürt Zio schon bevor er die Augen öffnet, dass sich etwas verändert hat. Das dauernde Pfeifen des Windes ist verstummt. Still ist es im Wald, sehr still. Dazu ist es sehr kalt. Die Temperaturen sind noch einmal gefallen. Der Geruch des Waldes hat sich ebenfalls verändert. Zio kennt diesen Geruch nicht. Er schlägt die Augen auf und bewegt sich zum Eingang seiner Baumhöhle. Was er sieht, erstaunt ihn. Der Wald ist über Nacht weiß geworden. Ein Nachtfrost hat alles mit Reif überzogen und winzige Kristalle zieren alles, was Zio kennt. Jedes Gras und jeder Halm, jedes Blatt und jeder Zweig sind wie mit feinen Nadeln überzogen. Staunend besingt Zio die zauberweiße Welt.

Lied vom Raureif
Hundertmal geschmückt jeder Halm
Hundertmal geschmückt jedes Blatt
Hundertmal glitzert die Welt
Für den, der sie sieht

Kaum wagt Zio es, im Gras zu landen, weil es so stachelig aussieht. Doch als er sieht, dass die anderen Vögel einfach überallhin fliegen, ohne sich zu verletzen, verleiht ihm dies den

Mut, es auch zu tun. Als die Sonne höher steigt, schmilzt der Reif und Zio erkennt wieder die ursprünglichen Formen der Natur, die sich darunter verbergen. Es kommt ihm vor, als wäre ein Wunder geschehen. Obwohl die Kälte der Morgenstunden unangenehm war, hofft er fast darauf, dass sich dieser Zauber am nächsten Tag wiederholt. Wenn das der Winter ist, denkt Zio, dann ist das doch auszuhalten. Wie gerne er den anderen davon erzählen würde. Sie haben vielleicht Hundert Himmel durchflogen. Aber bestimmt haben sie noch niemals etwas so Schönes gesehen, wie hundert glitzernde Kristalle an einem einzigen übriggebliebenen Blatt. Doch der Frost in den frühen Morgenstunden ist nur ein Vorbote des Winters. Immer wenn Zio glaubt, es könne nicht noch kälter werden, geschieht genau das. Das Wetter schlägt wieder um, und eisiger Regen peitscht nun durch den Wald, durchnässt die Welt erbarmungslos. Alles trieft. Von überallher tropft das Wasser, läuft sogar in Zios bisher trockene Höhle hinein. Ohne die Blätter der Bäume schlägt der Regen ungebremst auf.

An einem dunklen Nachmittag, an dem Zio zur Futtersuche unterwegs ist, verwandelt sich der Regen mit einem Mal. Er beginnt langsamer zu fallen und verdichtet sich zusehends. Erstaunt sieht Zio, wie statt der Tropfen plötzlich immer mehr weiße Flocken durch die Luft stieben und ihm die Sicht versperren. Sie schweben nach oben und unten zugleich, fliegen zur Seite, scheinen um ihn herum zu tanzen, bis Zio beginnt, die Orientierung zu verlieren. Er kann nicht mehr erkennen, wohin er fliegt. Alles sieht anders aus, als er es gewohnt ist, an nichts kann er sich festhalten.

So muss es Zilla gehen, denkt er, und eine große Sehnsucht breitet sich in ihm aus. Mit dieser Sehnsucht in seiner

Brust fällt ihm das Fliegen noch schwerer. Er muss sich auf einen Ast setzen, um sich auszuruhen. Doch kaum sitzt Zio still, legt sich eine Flocke nach der anderen auf sein Gefieder. Rasch schüttelt er die Schicht von Flocken ab. Er darf nicht stillsitzen. Wenn er jetzt stillsitzt, wird er unter einer Decke von Flocken verschwinden. Denn nach und nach legen sich die dicken Flocken auf alles, schichten sich aufeinander, Flocke um Flocke, bis sie alles bedecken, bis der ganze Wald, wie Zio ihn kennt, in einem großen Weiß verschwindet.

Zio irrt jetzt durch den Wald auf der Suche nach seiner Buche. Wann immer er eine geschützte Stelle findet, ruht er sich kurz aus, doch nie verharrt er lange, zu groß ist seine Angst, nicht mehr zurückzufinden. Ein Tannenzweig bietet ihm Schutz, und er setzt sich darunter wie unter einen Schirm, um zu verschnaufen. Er weiß nicht, wie er sich orientieren kann, er hat keine Ahnung, wo er sich befindet, und seine Verzweiflung wächst.

Hätte er doch besser mitfliegen sollen, gen Süden, fragt sich Zio. In den Süden, wo es immer warm ist und das Futter so reichlich, dass man nur den Schnabel aufzusperren braucht, um träge, dicke Insekten direkt aus der Luft zu fangen. Der gefährliche Flug durch die Hundert Himmel scheint ihm gerade das geringere Übel gewesen zu sein. Jetzt hockt er einsam und hungrig unter einem Tannenzweig in kaltem, weißem Schnee und weiß nicht weiter.

In dem Moment bricht der Ast unter der Last des Schnees, und taumelnd stürzt Zio mitsamt dem Ast und dem Schnee, der sich über ihm entlädt, in die Tiefe. Er sieht nur noch einen Wirbel aus kalten Flocken und eisigem Nass und stürzt von Zweig zu Zweig nach unten, immer mehr Schnee mit sich mitreißend. Das ist das Ende, denkt Zio. Gleich kommt der Aufprall, gleich … doch ganz überraschend endet der Sturz, und der erwartete Aufprall bleibt aus. Stattdessen fällt Zio sanft in die Schneedecke, umhüllt von dem abgebrochenen Zweig. Nachdem er sich von dem Schrecken erholt hat, versucht er, sich an dem Tannenzweig entlang aus dem tiefen Schnee nach oben zu arbeiten. Es ist anstrengend, und er muss dafür seine letzten Kraftreserven aufbieten. Zum Glück findet er einige Zapfen an dem Zweig, in denen noch Samen stecken, die ihn stärken. Irgendwann hat er es geschafft. Er sitzt auf dem oberen Ende des Zweiges, der aus der tiefen Schneedecke herausragt, und schaut hinab in das tiefe Loch, aus dem er sich gerade befreit hat. Es schaudert ihn, als ihm bewusst wird, dass er gerade nochmal Glück hatte. Zio schüttelt sein Gefieder, um es vom Schnee zu befreien, und versucht, sich zu orientieren. Hilflos flattert er erst in die eine, dann in die andere Richtung. Wohin soll er sich nun wenden?

Irgendwann entscheidet er sich für eine Richtung und fliegt einfach immer weiter. So gelangt er zum Waldrand. Mit der letzten Kraft, die ihm bleibt, fliegt er solange am Waldrand entlang, bis er das freie Feld findet, an dem im Sommer die Sonnenblumen standen. Zum Glück erkennt er es daran, dass einige der Sonnenblumen nicht geerntet wurden und nun hoch aus der weißen Decke herausragen, die alles umhüllt. Von hier kann er den Weg zurückfinden, auch wenn es schwierig ist, weil die Gerüche fehlen, die ihn sonst leiten. Alles riecht jetzt gleich. Alles riecht nach Schnee.

Als Zio seine Buche wiederfindet, ist es schon dunkel. Inzwischen hat es aufgehört zu schneien, doch im Mondschein ist die Nacht viel heller als sonst. Als Zio die Rufe des Uhus hört, ist er froh, in seiner Höhle angekommen zu sein. Denn eine helle Nacht ist besonders gefährlich für kleine Tiere. Zio ist nass und erschöpft, dieser Tag hat ihm zugesetzt. Mit letzter Kraft zieht er sich in seine Baumhöhle zurück. Hier drin ist er geschützt vor den Widrigkeiten des winterlichen Waldes, der sich vor seiner Höhle erstreckt. Als Erstes knabbert er an den Bucheckern, die er sich in einer Nische aufgestapelt hat. Das hat Zio sich von den Eichhörnchen und den Mäusen abgeschaut. Denn im Winter, wenn die Flüge beschwerlich sind, scheint Vorratshaltung auch für Vögel eine sinnvolle Sache zu sein. Kaum hat er etwas gegessen, gräbt er sich tief ein in das trockene Laub, mit dem er seine Höhle gepolstert hat, um es etwas wärmer zu haben, und plustert sein nasses Gefieder auf. Er verbringt eine Nacht voller Angst und Sorgen und fällt erst spät vor lauter Erschöpfung in einen tiefen Schlaf.

Am Morgen erwacht er spät, aber erfrischt. Das Licht, das in seine Höhle fällt, ist noch immer viel heller als sonst. Alle Geräusche klingen gedämpft, weil der Schnee sie schluckt. Zio setzt sich an den Eingang seiner Höhle und betrachtet nun bei Tageslicht die neue Welt, die sich hier vor ihm auftut. Obwohl die Sonne nicht scheint, blinzelt er, denn seine Augen müssen sich erst an die ungewohnte Helligkeit gewöhnen. Es dauert eine Weile, bis er erkennt, wo die Eiche steht, in der nun die Rotkehlchen aus dem Norden ihr Winterquartier haben. Bis er den Holunderstrauch entdeckt unter seiner weißen Hülle aus Schnee, an dessen Fuß die Eichhörnchen ihre Haselnüsse vergraben haben. Auch das Farndickicht unter der Buche, in dem er dem Nest entschlüpft ist, liegt nun verborgen unter einer dichten weißen Decke. Er sehnt sich plötzlich nach dem Nest, und nach dem ersten Frühling, den er hier erlebt hat. Vor allem aber sehnt er sich nach der Zeit, in der er sich keine ernsthaften Sorgen um sein Überleben machen musste. Zio hadert mit seiner Entscheidung, allein die Kälte überstehen zu wollen. Wie konnte er nur so dumm sein zu glauben, man könne einfach alleine im Winterwald ausharren. Er hätte es sich denken können, dass es einen Grund dafür gibt, dass Zilpzalpe seit Generationen ein neues Winterquartier im Süden suchen. Nun kennt er ihn: Wenn dies der Winter ist und dieser noch lange anhält, dann ist er wirklich verloren.

Gefährliche Begegnung

Die eisige Witterung hält an. Es bleibt kalt, und der Wald ist tief im Schnee versunken. Auch wenn die Sonne scheint, hat sie wenig Kraft, es reicht nicht für ein Sonnenbad, mit dem sich Zio aufwärmen könnte. Wie immer sitzt Zio auf seiner Warte in der Buche und beobachtet die weiße Welt. Allmählich beginnt er, sich wieder zurechtzufinden, und die Lieder kehren zu ihm zurück. Tagelang hat er nicht gesungen, doch jetzt singt er das Lied des Schnees über den Feldern und im Wald. Im Birkenhain leuchtet nun nicht die weiße Rinde der Birken hervor, nun ist es genau umgekehrt. Gegen das Weiß des Schnees kann er die Birken an der schwarzen Rinde viel besser erkennen. Für jeden Farbtupfer, den Zio in dieser weißen Welt entdeckt, ist er dankbar. Die roten Hagebutten, deren Anblick ihn fast wärmt, die letzten gelben hoffnungsvollen Blätter, die noch an der Linde baumeln und an denen der Schnee schon abgefallen ist. All das besingt er, und jedes Lied wärmt ihn.

Unten im Schnee sieht er die Eichhörnchen herumlaufen. Von links nach rechts, und wieder zurück. Wahrscheinlich suchen sie ihre Nussvorräte. Er hat schon beobachten können, dass Eichhörnchen sehr vergessliche Tiere sind. Sie haben tatsächlich keine Ahnung, was sie wo vergraben haben könnten, und unter der Schneedecke finden sie erst recht nichts wieder. Zio lotst sie zu den Stellen, an denen sie ihre Nüsse und Eicheln versteckt haben. Er kann sich gut daran erinnern, wo die Pilze standen und wo die Wilde Möhre wächst, und er weiß genau, welches Tier welche Nahrung braucht. Er hat das Geschehen im Wald schließlich den ganzen Sommer lang beobachtet, und auch jetzt beobachtet er alles, was im Wald passiert. Er sieht, wie das Rotkehlchen an den verschneiten Hagebutten knabbert und wie es die getrockneten Brombeeren von den wilden Sträuchern pickt. Die Sperlinge versuchen, Haselnüsse vom Strauch zu pflücken, und die Mäuse huschen durch den Schnee und graben sich schmale Gänge zu ihren Futtervorräten.

Während die Waldbewohner durch den Schnee laufen und das nicht mehr makellose Weiß mit ihren Spuren durchziehen, schaut Zio immer wieder nach oben in den Himmel. Heute hängen die Wolken besonders tief und schwer über dem Wald, und Zio vermutet, dass es erneut schneien wird. Auch er muss sich um sein Futter kümmern, von dem er in diesen kalten Tagen viel mehr benötigt als sonst. Solange es trocken bleibt, hat er wenigstens genug Kraft, auch längere Wege zurücklegen. Aber die Futtersuche ist gefährlich. Zio vermutet, dass ein Habicht genauso friert und hungert wie ein Zilpzalp. Und er vermutet ebenfalls, dass es den Raubvögeln aus den Lüften sehr leichtfällt, auf der weißen Schneedecke jedes kleinste Tier zu erkennen, sobald es sich bewegt. Vorsichtig hält sich Zio bei seiner Futtersuche im Schatten der Bäume und wagt sich nicht auf freie Flächen. Wie alle anderen kleinen Tiere auch, ist er schutzlos den Blicken der Jäger aus der Luft ausgesetzt. Weil Zio ein guter Beobachter ist, nimmt er kleinste Veränderungen wahr. Er spürt den nahenden Schatten eines großen Greifvogels bereits, bevor er ihn tatsächlich sieht, und stößt in gellendem Stakkato seine Warnrufe aus, die weit in den Wald hinein klingen und jedes Tier sofort in ein Versteck fliegen lassen.

Als Zio sieht, wie ein Bussard im nahen Birkenhain landet, stößt er schnell seine Warnrufe aus, bevor er ebenfalls zu seiner Höhle flattert, um dort Schutz zu suchen. Doch während Zio sich vor dem Bussard verbergen will, bemerkt er nicht, dass sich direkt über ihm ein Habicht nähert, der durch seine Warnrufe erst auf ihn aufmerksam geworden ist. Zio weiß im ersten Moment nicht, wie ihm geschieht, als er plötzlich hart gepackt wird und sich schon einen Augenblick später hoch in der Luft über dem Wald befindet. Die spitzen Klauen des Habichts umklammern ihn schmerzhaft, aus seinem festen Griff kann er sich unmöglich befreien. In seiner Todesangst beginnt Zio laut zu schreien und die wildesten Töne auszustoßen, die ihm nur einfallen. Er ruft wie eine Eule und schreit wie ein Milan und singt sich die Seele aus der Brust wie eine werbende Nachtigall. Zio singt um sein Leben, während er hoch über den verschneiten Wald getragen wird, seinem sicheren Ende entgegen. Er singt sein letztes Lied und er legt alles hinein, was er nur vermag. Plötzlich spürt er, wie der Griff des Habichts sich ein wenig lockert, als ob er sich wundert, was für ein Tier er da bloß in seinen Klauen gefangen hält. Einer plötzlichen Intuition folgend, beginnt Zio ein neues Lied zu singen. Er singt das Lied des hungrigen Habichts. Während die Töne des Liedes den Jäger wie eine Wolke umhüllen, während der Habicht lauscht und sich in dem Lied selbst erkennt, wird er nachlässig. Sein Griff lockert sich immer mehr. Zio singt jetzt so schön er kann in der Hoffnung, dass der Griff sich weiter lockern wird. Noch ein wenig mehr und er könnte sich losreißen, nur ein ganz klein wenig mehr. Wenn er es zu früh versucht, ist es vorbei, denn dann wird der Jäger ihn nur noch fester packen. Aber wenn er zu spät ist und es nicht versucht, bevor der Habicht es selbst bemerkt, dass seine Klauen sich lockern, hat er seine letzte Chance zu überleben vertan.

Zio singt um sein Leben. Und dann scheint plötzlich der richtige Moment gekommen. Der Habicht lockert seinen Griff noch etwas weiter, und Zio beschließt, es zu wagen. Dies ist entweder das Ende oder ein Anfang. Jetzt oder nie. Mit einem Schrei reißt er sich los, lässt sich nach unten fallen wie ein Stein und fängt sich erst kurz über den Bäumen ab, um dann in den Wald hineinzutauchen und hart im Schnee zu landen. Alles tut ihm weh, er ist verletzt und er ist so kalt gefroren, dass er sich kaum rühren kann. Hier in dieser dicht mit Fichten bestandenen Schonung findet er einen ersten Schutz vor den Blicken von oben. Zio zittert am ganzen Körper und weiß nicht, wie es möglich war, dass seine Flügel ihm in dieser Not überhaupt gehorcht haben. Er wagt es nicht, nach oben zu blicken. Zu groß ist seine Angst, dass er direkt in die Augen des Habichts blicken wird, wenn er aufschaut. Reglos verharrt Zio unter einer der Fichten, unfähig, sich zu rühren. Es dauert lange, bis er in der Lage ist, vorsichtig die Flügel zu bewegen und sein Gefieder mit dem Schnabel zu glätten. Die Krallen des Habichts haben seinem Federkleid zugesetzt. Zio hat einige Federn verloren, und die scharfen Krallen des Räubers haben ihn verletzt. Glücklicherweise sind seine Flugfedern noch intakt, sodass er versuchen kann, den Weg zu seiner Buche zurückzufinden. Er hat überlebt.

Zio verlässt seine Baumhöhle jetzt nur noch sehr selten. Nur dann, wenn er wirklich Futter suchen muss, wagt er sich hinaus. Denn hier fühlt er sich sicher und geborgen. Der verschneite Wald, das viele Weiß, die fehlenden Blätter, all das lockt ihn nicht mehr nach draußen. Zu groß ist die Angst, noch einmal unversehens angefallen und gepackt zu werden. Doch trotz der Angst, die ihn nun draußen auf seinen Wegen begleitet, hat Zio noch etwas anderes gefunden. Etwas Kostbares. In der höchsten Not hat Zio entdeckt, was seine Lieder vermögen. Was für eine Kraft in seinen Liedern liegt! Er wundert sich noch immer darüber, dass sein Lied mehr Kraft hatte als er selbst, ja, dass sein Lied sogar mehr Kraft hatte als der Habicht. Sonst hätte er sich niemals aus seinen Krallen befreien können. Es erfüllt ihn mit einer neuen Stärke, dass er sich selbst gerettet hat, weil er das Beste in sich hervorgeholt hat. Auch wenn sein Schwarm seinen Liedern nie irgendeinen Wert beigemessen hat, weiß er nun, dass es völlig unwichtig ist, was irgendjemand anders von seinem Gesang hält. Seine Stimme und seine Lieder haben ihm im kältesten Winter und in größter Not das Leben gerettet. Das ist das Einzige, worauf er sich verlassen kann. Wenn nichts mehr geht, kann er immer noch singen. Und genau das tut Zio nun. Er singt. Zio singt den ganzen Tag.

Mitten im Winter erinnert sich Zio in seiner Baumhöhle an die Lieder, die er schon gesungen hat, und er singt sie alle. Er singt die Lieder des Frühlings und die des Sommers, er singt die Lieder des Herbstes. Er singt sie ganz für sich allein. Aber sie klingen weit durch den stillen Winterwald. In eisiger Kälte gelingt es Zio, Bilder vom Frühling heraufzubeschwören, und alle, die sein Lied hören, erinnern sich plötzlich daran, dass das frische, grüne Laub irgendwann wiederkehrt. Auch wenn es gerade unvorstellbar erscheint, wird alles irgendwann wieder gut und warm und leicht. In dieser kargen Welt wehen Zios Lieder vom Frühling Erinnerungen an Farben, Düfte und Töne in den Wald. Alle Waldbewohner, die Zios Lieder hören, schließen die Augen und beginnen zu träumen. Für den Moment eines Liedes verlassen sie den Winter, die Kälte, die Dunkelheit und alle Entbehrungen. Sie vergessen Hunger und Angst und beginnen zu lächeln, während sie Schlehenbüsche und Wildkirschen blühen sehen und als Nächstes bereits die Bilder des Sommers vor ihnen aufsteigen. Wiesen beginnen vor ihren inneren Augen zu blühen und zu duften. Sie sehen Felder, über denen die Hitze flimmert, kleine erfrischende Tümpel und schattiges, feuchtes Moos. Alle träumen von guten Zeiten, als Zio die Herbstlieder anstimmt, an deren Goldtönen sie sich wärmen. Auch den Winter besingt Zio nun. Auch die Augenblicke der Kälte und der Entbehrung, denn sie gehören zum Leben im Jahreslauf dazu. Zio singt seine Winterlieder in die kalte Welt, und die Tiere, die seine Lieder hören, erkennen, dass es um den Augenblick geht, und um sie selbst in diesem Augenblick. Denn auch im kältesten Winter liegt Schönheit, und sie sind stolz, als Zio seine Lieder darüber singt, wie sie alle den Winter im Wald trotz bitterer Kälte meistern.

Es ist viel los an der alten Buche. Zwischen ihren Wurzeln kriechen und laufen die Tiere, sie flattern in ihren Ästen, sie ist der lebendigste Baum im ganzen Wald. Vielleicht liegt es daran, dass nun der Schnee zu schmelzen beginnt und die Bucheckern allmählich wieder zum Vorschein kommen, die

die Buche reichlich verteilt hat und die die Waldbewohner nun nähren. Vielleicht liegt es aber auch an Zios Liedern. Während die Bucheckern die hungrigen Körper nähren, bekommen hier auch auch die Seelen Nahrung zum Überwintern. Zios Lieder wecken in dunklen Tagen hoffnungsvolle Träume.

LIED VON DER DUNKELHEIT
Schwindendes Licht kurzer Tage
Dunkelheit voller Fragen
Flockenvorhang fällt
Im Winterschlaf die Welt

Und wieder wird es Frühling

Auch wenn Zio in vielen Momenten daran gezweifelt hat, selbst die dunkelste Nacht geht irgendwann vorbei und es kommt der Tag, an dem die Sonnenstrahlen plötzlich wieder wärmer werden, an dem mit einem Mal eine Vorahnung von Süße in der Luft liegt. Das Grün kehrt zurück. Erst mischt sich nur vereinzelt ein Halm, eine Knospe, ein Blatt ins verdorrte Braun des Waldes. Doch mit dem fortschreitenden Frühling wird es zusehends mehr. Die Rotkehlchen aus dem Norden verabschieden sich, um zurück in ihre Heimat zu ziehen, und danach dauert es nicht lange, bis die ersten Zugvögel in den Wald zurückkehren.

Sehnsüchtig wartet Zio darauf, dass die Zilpzalpe endlich zurückkommen. Je weiter der Frühling voranschreitet, desto stärker durchzieht ihn diese wachsende Sehnsucht. Er hofft, dass er alle Vögel seines Schwarms wiedersieht. Aber er weiß ja, dass nur die Hälfte von ihnen zurückkehren wird. Doch wer wird es sein? Wer wird den Weg geschafft haben? Die Unruhe in ihm wächst.

Gleichzeitig kann Zio nicht anders, als immer öfter das Dickicht aus alten Farnwedeln am Fuße seiner Buche nach einem guten Nistplatz zu durchsuchen. Immer öfter verteidigt er sein Revier gegen Neuankömmlinge, die ebenfalls nach

Nistplätzen suchen. Immer öfter beginnt er kleine Reiser zusammenzutragen, mit dem sich Nester bauen lassen. Die vertraute Buche bietet ihm genau das Revier, das er braucht, um eine Familie versorgen zu können. Immer öfter singt er erwartungsvolle Lieder. Immer öfter denkt er an Zilla. Er hofft so sehr, dass Zilla zurückkehrt.

Endlich kommt der Tag, an dem die ersten Zilpzalpe ankommen. Erschöpft von der Reise lassen sie sich im Wald nieder, und Zio fliegt unruhig zwischen ihnen umher auf der Suche nach seinen Freunden. Jedes Mal hofft er inständig, sie zu sehen, jedes Mal ist er aufs Neue enttäuscht, wenn er sie nicht findet. Sie werden doch wohl wiederkommen? Es wird ihnen doch nichts zugestoßen sein?

»Habt ihr meinen Freund Zack gesehen?«

Zio fragt jeden neu ankommenden Zilpzalp, ob er weiß, wo seine Freunde sind.

»Zack, wisst ihr, wo Zack ist? Nein? Und ihr wisst auch nicht, wo Zett ist? Ihr glaubt, er ist vorausgeflogen? Aber er ist noch nicht angekommen?«

Zio wird immer unruhiger. Die einen behaupten, es würden noch sehr viele Zilpzalpe nachkommen, andere sind scheinbar ganz sicher, dass Zett und Zack schon längst da sein müssten. Nach Zilla wagt Zio nicht zu fragen. Hoffentlich kommt Zilla mit ihnen zusammen zurück. Bestimmt, versucht sich Zio zu beruhigen, ist Zett nicht vorausgeflogen, wahrscheinlich fliegt Zett ganz hinten, am Ende des Zuges und sammelt dort die Nachzügler ein. Und bestimmt ist Zilla bei ihm.

Ungeduldig sitzt Zio täglich am Waldrand und wartet. Er schaut in den Himmel, durch den immer wieder neu ankommende Vögel ziehen. Zio wartet und wartet, und die Geduld, die er nun aufbringen muss, ist groß. Immer wieder sieht er kleine Punkte am Himmel, die sich zu nähern scheinen, sich jedoch immer wieder in der Ferne verlieren, um ein anderes Zuhause zu suchen, einen anderen Wald.

Und dann sieht Zio plötzlich Punkte, winzig und erst kaum zu erkennen, die allmählich größer werden. Diese Punkte verlieren sich nicht, und sie schlagen auch keine andere Richtung ein, im Gegenteil. Sie scheinen direkt auf den Wald zuzufliegen. Zios Herz beginnt laut zu pochen, als er das sieht. Aber er will sich nicht wieder zu früh freuen. Ungeduldig wartet er, ob sie wirklich den Wald ansteuern und beobachtet die sich nähernden Punkte angestrengt. Einer der Punkte fliegt immer wieder Spiralen, vor und zurück, hin und her. Als die Punkte größer werden, erkennt er, dass dieser eine Vogel viel öfter mit den Flügeln schlägt als alle anderen. Das muss Zack sein, das kann nur er sein!

Zio fühlt es, bevor er es weiß, und bevor er es sich überhaupt vornehmen kann, hat er sich schon in die Luft geschwungen, um seinem Freund entgegenzufliegen. Immer schneller fliegt er auf die Gruppe von Vögel zu, die sich zusehends nähern, sicher, dass es Zack sein muss. Zack lebt! Er hat es geschafft, den ganzen Weg zu fliegen. Sein Freund hat den Flug durch die Hundert Himmel überlebt. Zios Freude ist grenzenlos. Mit kräftigen Flügelschlägen nähert er sich ihm und kann es kaum erwarten, ihn endlich zu erreichen.

In dem Augenblick, in dem auch Zack erkennt, wer auf ihn zu fliegt, vergisst er vor Überraschung völlig, seine Flügel auszurichten. Fast fällt er vom Himmel. Er sinkt ein ganzes Stück nach unten, aber es gelingt ihm gerade noch, sich abzufangen. Zio lässt sich ebenfalls fallen, um möglichst schnell bei ihm zu sein. Im wilden Flug treffen sich die Freunde wieder. Ausgelassen zwitschernd umflattern sie einander, schwerelos vor Freude, und ihre Wiedersehensrufe schallen weit durch die Lüfte. Entgegen allen Erwartungen haben sie es beide geschafft! Sie haben überlebt.

Von Zios und Zacks Freudenflug werden die Zilpzalpe noch lange sprechen. Ihre unbändige Freude wird ein Teil der neuen Legenden werden, die die Zilpzalpe von nun an von

Generation zu Generation weitergeben. Von Zio werden sie erzählen, dem sonderbaren Vogel, der den Mut hatte, anders zu sein und seinen eigenen Weg durch den Winter zu finden. Viele Geschichten wird man von Zio erzählen, der allein im Wald zurückblieb und damit bewiesen hat, dass der Flug durch die Hundert Himmel kein unabdingbares Schicksal ist, sondern eine freie Wahl, die jeder einzelne Zilpzalp für sich treffen kann. Zio hat es seinem Schwarm vorgemacht, dass man wählen kann, wer man sein will, und dass es in Ordnung ist, wenn auch Zilpzalpe ganz entgegen ihrer Bestimmung schöner singen als jede Nachtigall. Zios Geschichte beweist, dass man all das, was für einen vorgesehen ist, auch loslassen kann, um das zu leben, wofür man geschaffen ist.

Die Legende der Hundert Himmel, die sich die Zilpzalpe über Generationen hinweg erzählt haben, wird nun neu erzählt, wird zur Legende der Hundert Lieder, die sich die Zilpzalpe in den kalten Wintern, die sie von nun an im heimischen Wald verbringen, gegenseitig vorsingen, um nicht zu vergessen, dass alles wiederkehrt. Denn Lieder, wenn man sie nur laut und mutig singt, können Hoffnung schenken und Leben retten. Auch das eigene.

Nach seinen Hundert Liedern über den Wald singt Zio jetzt sein eigenes Lied:

Zios Lied

In mir wohnen Töne, die mich erzählen
Sing ich von Nacht, sing ich von Licht?
Sing ich mein Lied oder sing ich es nicht?
Lieder von Sommerhimmeln so weit,
Lieder von Winterglitzern auf Zeit
Lieder vom Zweifel, die Prüfung zu stehn,
Lieder von Müdigkeit weiter zu gehn
Lieder von Ausgelassenheit
In mir wohnen Töne, die mich erzählen
Manche gefällig, manche hart
Willst du sie hören? Egal, welcher Art?
Lieder vom Sein hinter dem Schein,
Lieder vom leider nie genug sein.
Lieder wie Nester, in die du dich legst,
Disharmonie, die du nicht verträgst
Lieder von Unbequemlichkeit
eigenartig, sirrend klirrend,
markerschütternd und pompös
piepsend, schrill und himmelhoch
flüsterleise zarte Weise
sonderbar und bunt und wahr
einzigartig
unverwechselbar
Hörst du, wie ich klinge?
Hörst du, was ich singe?
Hörst du mich?
Das bin ich.

Auch Zett ist wieder zurückgekehrt von dem großen Flug. Noch ernster, als er vorher schon war, widmet er sich in diesem Frühling nun ganz der großen Aufgabe, den Schwarm anzuführen. Der lange Flug durch die Hundert Himmel und der Verlust der vielen Freunde, die dabei umgekommen sind, haben ihn sehr nachdenklich gemacht. Nach dem Tod des schwarmältesten Zilpzalps ist es nun an ihm zu entscheiden, welche der alten Legenden Bestand haben und als Vermächtnis bewahrt werden sollen und welche Traditionen durchaus Erneuerungen weichen können. Er gibt zu, dass er seinen Freund Zio unterschätzt hat und hört nun auf seinen Rat für einen Frühling der Erneuerung, der Entfaltung und des Wachstums.

Zilla ist noch immer eine gute Freundin von Zett, aber als Anführer des Schwarms hat er überhaupt keine Zeit mehr für sie.

Zio dagegen hat jetzt viel Zeit für viele Lieder. Er muss nicht mehr so tun, als wäre er jemand anders und widmet sich mit Inbrunst seinem Gesang. Immer öfter findet man Zilla nun in seiner Nähe. Denn wenn Zio singt, kann sie träumen. Und wenn Zilla ehrlich ist, will sie nichts anderes, als ihm zuzuhören. Außerdem kennt er schon alle ihre Geheimnisse und mag sie vielleicht sogar genau deswegen. Bei ihm kann sie im Staub baden so viel sie möchte. Es ist schön, jemanden an seiner Seite zu haben, bei dem man so sein kann, wie man ist, ohne irgendetwas von sich verstecken zu müssen. Es ist beglückend, das Lied singen zu können, wenn es entsteht. Auch wenn immer wieder eine Menge Mut dazu gehört, der Welt zu zeigen, wer man wirklich ist, der Mut, anders zu sein, der Mut, das eigene Lied zu singen.

Zios Lieder

FRÜHLINGSLIEDER

Lied der Buche
Sanfter Tanz der Blätter
Weiche Wimpel im Wind
Spiel von Schatten und Licht
Flirrt die Sonne für mich
Flirre ich mit

Lied vom Sternenmoos
Tautropfen im glitzernden Moos
Blitzende Sterne funkeln mich an
Jeder Stern ein süßer Kelch
Voll labender Erfrischung

Lied der Traubenkirsche
Wolke voller Süße
Auf den Düften dieser Blüten
Lässt's sich segeln ohne Sorgen
bis ins Morgen

Lied der Eiche

Mächtiger Stamm
Eichhörnchenspielplatz
umwirbelt von rotbraunen Schweifen
dass mir ganz schwindelig wird

Lied der Lärche

Zart aus gelbem Grund emporgestreckt
Wächst ihr weiches Kleid
aus quietschgrünen Puscheln genadelt
und rotem Perlenschmuck besetzt

Lied vom traurigen Zilpzalp

Nicht Zilp nicht Zalp werd ich singen
Um ein guter Zilpzalp zu sein
Doch mein Herz wird nicht klingen
Mein Herz wird nicht schwingen
Ohne mein Singen

SOMMERLIEDER

Lied der Sonnenblume

Verliebt in Licht und Wärme
Dreht sie sich stets
Zur Sonne hin
Bis sie selbst zur Sonne wird

Lied vom Kornfeld

Goldene Kornfelder
Sommerwarmer Sonnenstrahlenduft
liegt wie eine Decke
Über dem Land
Umfängt auch mich

Lied der Birke

Girlanden im flirrenden Grün
schwingen hin und her
schwingen auf und ab
schwinge ich mit
wenn der Wind Konfetti regnet

Lied von mir

Gäbe es eine Welt für mein Lied
gäbe es eine Welt für meine Stimme
gäbe es eine Welt für mich
ich würde singen Tag und Nacht

Lied vom Un-Sein

Meine un-gehörten Töne sind
meine un-gelebte Fülle sind
mein un-geteiltes Glück sind
meine un-gesungenen Lieder sind
alles, was ich bin.

HERBSTLIEDER

Lied von der Brombeere
Glänzend bei Tag
Glänzend bei Nacht
Locken schwarze Perlen
Süß im dornigen Gestrüpp

Lied vom Sturm
Gefieder hat der Wind verzerrt
gerauft Wald, Blatt und Baum
hat Sorgen verweht und aus Federn befreit:
meinen heimlichen Traum

Lied von den Kastanien
Wunderbaum voll klebriger Knospen
Wunderbaum voll rosa Kerzen
Wunderbaum voll Stachelbällen
Wirft er sie ab, enthüllen sie
den glänzenden Schatz

Lied vom Nebel
Wolken fallen vom Himmel herab
Wald spielt Versteck
Wären doch die Freunde da
Wenn sich die Schleier lichten
Hätten sie sich nur versteckt

WINTERLIEDER

Lied vom Raureif
Hundertmal geschmückt jeder Halm
Hundertmal geschmückt jedes Blatt
Hundertmal glitzert die Welt
Für den, der sie sieht

Lied vom feld im Winter
Vogel plustert Gefieder
Baum singt Winterlieder
Einsamer Rabe im Feld
Eisig und karg die Welt

Lied vom gelben Lindenblatt
Drei gelbe Blätter am Lindenbaum
träumen einsam den Sommertraum
singen von Licht und Sonnenflut.
Kehrt alles wieder? Wird alles gut?

Lied von der Dunkelheit
Schwindendes Licht kurzer Tage
Dunkelheit voller Fragen
Flockenvorhang fällt
Im Winterschlaf die Welt

Sollte diese Publikation Links auf Webseiten Dritter enthalten, so übernehmen wir für deren Inhalte keine Haftung, da wir uns diese nicht zu eigen machen, sondern lediglich auf deren Stand zum Zeitpunkt der Erstveröffentlichung verweisen.

MIX
Papier | Fördert gute Waldnutzung
FSC® C014889
www.fsc.org

Klimaneutral*
Druckprodukt
ClimatePartner.com/14044-1912-1001

Penguin Random House Verlagsgruppe FSC® N001967

Neumarkter Str. 28, 81673 München
Umschlag: zero-media.net, München
Umschlagmotiv: FinePic®, München
Satz: Satzwerk Huber, Germering
Druck und Bindung: Friedrich Pustet GmbH, Regensburg
Printed in Germany
ISBN 978-3-424-35123-1
www.diederichs-verlag.de